教員のための

「国際語としての英語」学習法のすすめ

大坪喜子

開拓社

はしがき

本書の執筆は，恩師であり，友人であったラリー E. スミス（Larry E. Smith）氏に，長年に亘りご指導いただいたことへの謝意を表すために取りかかったものであります．筆者は，ハワイのイースト–ウエスト・センター（East-West Center）で開催された ESOL Teacher Trainers Program（1975.9.1 ～ 1976.3.31）に参加したことをきっかけに，そのプログラムのコーディネーターであったスミス氏に出会い，その後も，「国際語としての英語」についてのプログラムに参加するなど，多くのことを学ぶ機会を得ました．

2014 年 12 月中旬のことでした．International Association for World Englishes（以下 IAWE）の元会長（1993–1996）であり，中心的立場のラリー E. スミス氏がインドで急逝されたという知らせを受け取りました．氏はインドで開催された IAWE の第 20 回国際研究大会に出向いており，心臓発作のため医療手当の甲斐もなく亡くなられたとのことでした．その大会に参加していた日野信行氏（大阪大学大学院言語文化研究科教授）から日本に連絡が届き，大きな衝撃を受けました．

2014 年 8 月の第 40 回全国英語教育学会徳島研究大会での理事会において，2015 年 8 月開催の第 41 回熊本研究大会でスミス氏に「特別講演」の講師を依頼することが決まっていました．日本の英語教育行政においても，教員の教室での英語運用を重視するようになってきており，英語科教員の精神的負担が重くなっていることが予想されるため，スミス氏の「国際語としての英語」の考え方を紹介できれば，多くの英語科教員に英語を使うことへの気持ちの上での負担が軽減できるのではないかと考え，スミス氏に「特別講演」をお願いすることを決めました．スミス氏も全国英語教育学会で日本の多くの英語教員に，直接，話ができることをたいへん喜んでおられました．そんな折の予期しないニュースでたいへん驚き，平常心を失っていましたが，現実的には，後任の「特別講演」の講師を短期間で決めなければならない立場にありましたので，いろいろな可能性を検討した結果，最終的には，「特別講演」の本来の基本的な考え方を実行できる方に依頼することに決め，日野信行氏にご相談しました．氏には，スミス氏の追悼講演のつもりで頑張ると快く引き受けていただきました．

第 41 回全国英語教育学会熊本研究大会（2015 年 8 月 22 日・23 日）は無事に終了し，スミス氏に代わって行われた日野信行氏による日本人の立場からの「国際語としての英語」についての講演では，たいへん有益な情報が提供され，充実した研究大会となりました．

本書では，長い間，ご指導いただいたスミス氏に感謝の念を表すと同時に，ハワイのイースト-ウエスト・センターでの氏のプログラムで学んだ知識と経験を生かして英語教員養成担当者として日本の現場で何が実践できていたのか，そして，何が実践できていないのかを振り返ってみたいと思います．

本書の趣旨

本書をまとめるにあたり，筆者の英語教育についての考え方は，ハワイのイースト-ウエスト・センターでのスミス氏担当のいろいろなプログラムに参加して身に付けていたことを改めて認識しています．イースト-ウエスト・センターは，国際的に認められたアメリカ合衆国の教育研究機関ですが，1960 年に設立されてから東西文化の中心としてアジア・太平洋地域の多くの国々からの留学生を育てています．筆者が初めてイースト-ウエスト・センターのプログラムに参加した 1970 年代半ば頃は，多くのプログラムが活発に実施されていました．イースト-ウエスト・センターのプログラムに参加し，完備された寮生活を体験できたことは，アジア諸国からの留学生たちの話すいろいろな英語に触れ，まさに国際化社会を体験できる世界にいたことになり，そんな中で，筆者は，自然に「国際語としての英語」を体験していたように思います．

スミス氏担当のイースト-ウエスト・センターでのESOL Teacher Trainers Program（1975.9.1 ～ 1976.3.31）（以下，ESOL教員養成担当者プログラム）において，はじめて英語科教員養成担当者として本格的な長期間の海外研修を経験し，英語が使われている国における「第二言語としての英語教育（TESL)」という考え方を直接学ぶことができました．今年は，そのESOL教員養成担当者プログラムの開催から40年目になりますが，日本での英語を話さない日常生活からイースト-ウエスト・センターでの英語を話す日常生活へ入ったことを実感した最初の経験をよく憶えています．プログラムが始まって1ヶ月も経たない頃のことでしたが，センター内のある会で，他のグループの人たちに私たちのESOL教員養成担当者プログラムを紹介するようにとコーディネーターのスミス氏に伝えられ，かなりあたふたしたことを懐かしく思い出します．まだイースト-ウエスト・センターでの環境に慣れていない頃のことで，おそらく2～3分間のスピーチであったと思いますが，はじめて多くの人たちの前で英語によるスピーチをするために原稿から目を離すことができなかったことをよく憶えています．これは，長い間，日本で英語を学習してきた結果でしたが，日本の英語教育では「英語をことばとして教えていない」，または，「英語をことばとして学んでいない」ということを表しています．

このように英語を使うことに慣れていない状況は，日常的に英語を使わない多くの日本人にとっては当たり前のことですが，その後，英語科教員養成を担当する立場からは，見逃してはならない課題となり，英語を使える英語科教員の養成を目指してきました．具体的には，英文法を中心に訳読をするという英語学習に慣れた英語科学生たちに，彼らの使えない英語を使える英語にどのようにして転換するのかということが課題となりました.

そして，これは，筆者自身の課題でもありました．筆者自身も，日本では十分に英語を使う機会がなく，英語母語話者の同僚と話すときは，前もって話したいことを考えておいて話すという状況でした．このような状況から脱却して英語に馴染んだ状況になるには，どのような訓練・経験が必要であるのかを確認するために，その後の自分自身の海外研修での変化を観察しながら取りかかることにしました．

これまで日本の英語教育で育ってきた日本人の英語教員及び英語学習者にとっての課題は，やはり，知識としての英語を使える英語に転換させることであると思われます．以下，本書を通してこの課題に取り組みたいと思います．

本書の構成

本書は，これまでの40年間を振り返りながら時間順に，第I部（第1章，第2章，第3章），第II部（第4章，第5章），そして，第III部（第6章，第7章）で構成されています．以下，順番に紹介しますと，第I部の第1章では，スミス氏担当のESOL教員養成担当者プログラムの内容を紹介し，この7ヶ月間のプログラムを通してはじめて経験したこと，日本の英語教育では経験できなかったこと等を紹介します．第2章の「日本の英語教育への応用（1）」では，ハワイでの経験を背景にして，帰国後，英語を使える英語科教員の養成を目指して，長崎大学教育学部英語科カリキュラムの中に英語運用訓練コースとして「英語演習」（2年生）を開設したこと，そして，日本人英語教師として，意図的に変えた教室内での教師の役割を紹介します．第3章の「日本の英語教育への応用（2）」では，未来の英語を使える日本人英語科教員として，英語科3年生が，リスニング教材作成を体験し，既製品の録音されたテープを使うのではなく，日本人教師が自ら音読して生徒たちのリスニングの訓練ができることを目指した授業を紹介します．

第II部の第4章では，スミス氏の考える「国際語としての英語」の概念を紹介し，グローバル社会の中で多様な英語でのコミュニケーションがすでに現実であること，そして，日本の英語教育でも，英語を母語とする人々の英語だけではなく，多様な英語にも触れさせながら，これからのグローバル社会の中での英語教育を実践する時期がきていることを指摘します．第5章では，スミス氏からの提言として，雑誌や講演などで述べた氏のEIL/WEの考え方，及び，第41回全国英語教育学会熊本研究大会での日野信行氏の特別講演（2015年8月22日）の内容を紹介します．「国際英語」の一つとしての「日本人の英語」についての考え方を紹介するものです．

第III部の第6章と第7章では，日常生活で英語を使わない日本の中で，時折，英語を使う機会のある日本人が英語を使えるようになるためにはどのような学習をすればよいのかということを考えます．第6章では，特に，Stephan D. Krashen & Tracy D. Terrell, *The Natural Approach: Language Acquisition in the Classroom*（1983），及び，Richard R. Day & Julian Bamford, *Extensive Reading in the Second Languge Classroom*（1998）を理論的背景として，社会人学習者のために「やさしい英語」による多読・作文・会話の訓練を取り入れた2年間の実験的な多読指導実践の内容・成果を報告します．そして，第7章では，第6章での訓練法を他の社会人学習者のグループにも応用し，実践した成果の報告をします．特に，伝統的な「文法・訳読法」に慣れた社会人学習者にどのような訓練をして「使える英語」へ導くのかに焦点を当てます．

これまで，スミス氏担当のイースト-ウエスト・センターでのいろいろなプログラムに参加してきましたが，氏が目指していたことについて，ESOL教員養成担当者プログラム（1975年9月1日～1976年3月31日）からEIL/WEについての最近の氏の講演（2013年6月）に至るまでの長い期間を視野に入れながら考えてみると，イースト-ウエスト・センターの精神を背景にして，やはり，世界平和のために多くの国々の人々と英語でコミュニケーションをとること，そのために，EIL/WEという多様な英語によるコミュニケーションについての考え方を，IAWEの活動を通して世界中の英語教育関係者へ発信していたということが見えてきました．多くのことを考える機会に恵まれた筆者は，日本においても，「日本人の英語」を実現させ，氏の精神を実現できるようになることを心から願っています．

2016年10月30日

長崎大学名誉教授　大坪喜子
2014年度・2015年度: 九州英語教育学会会長
2013年度～2015年度: 全国英語教育学会理事（九州）

多文化共生社会を目指したLarry E. Smith氏のEIL論

日野　信行

（大阪大学大学院言語文化研究科教授）

自分がラリーE. スミス（Larry E. Smith）（以下，スミス）氏の国際英語（EIL）論に初めて触れたのは，たぶん1980年の2月頃であったかと思いますが，大阪大学の4年生の時に所用で上京して，東京にある図書館に立ち寄った際に手にした米国の学会誌 *TESOL Quarterly* の論文でした．のちにSmith and Rafiqzad（1979）としてしばしば引用されるようになるこの論文を読んだときの感動を，私はよく覚えています．アルキメデスが「ユーレカ！」と叫んだのもおそらくこのような瞬間であったでしょう．国際コミュニケーションのための英語における発音の通じやすさにおいて非母語話者（non-native speaker）の発音はアメリカ英語に劣らないことを実証した研究で，発音のモデルを母語話者（native speaker）の英語としてきた従来の英語教育の「常識」をくつがえす画期的な論文でした．

もっとも，非母語話者の英語に積極的な価値を認める考え方自体は，それまでにもなじみがありました．國弘正雄氏の「英語の脱英米化」や鈴木孝夫氏の *Englic* の提唱に私も影響を受け，アメリカ英語やイギリス英語でなく自分なりの日本式英語を身につけたいという目標はすでに有していました．しかしそれでも，スミス氏の論文は2点において衝撃的でした．まず，客観的なデータに基づいてそのような考え方の正当性が裏付けられたことです．そしてまた何よりも，母語話者の英語の価値を相対化する主張が，当の母語話者（スミス氏）によってなされたことです．

当時の自分は，経団連（石坂財団）の奨学金を得て，英語教育の研究のため，米国の大学院への留学を準備中でした．そしてスミス氏が研究員をつとめる East-West Center（EWC）とキャンパスを共有するハワイ大学大学院に，同年（1980 年）の秋学期から留学し，さっそくスミス氏の研究室におじゃましてアドバイスをいただきました．私にとって幸運だったのは，翌年の春学期に，スミス氏による Seminar in English as an International Language という大学院授業が開講されたことです．スミス氏の EIL 論をその黎明期において体験することができ，実に貴重でした．それ以来 34 年間にわたり，International Association for World Englishes（IAWE）などの学会や EWC など，さまざまな機会にスミス氏から学ばせていただきました．

上述の国際英語の発音の理解度の論文は技術的な側面に関わるものでしたが，スミス氏の EIL 論の真価はより深いところにありました．スミス氏の EIL 論は，何よりも，他者の文化を尊重すること，そして自己の価値観を決して押し付けない，という哲学に立脚していました．敬虔なクリスチャンであるスミス氏が，同時に他の宗教的立場への敬意を常に口にしていたこともこの姿勢のあらわれでした．

このような哲学のもとに，スミス氏は，多様な文化を基盤とするさまざまな英語のあり方を肯定的にとらえたわけです．スミス氏の EIL 論は，まさに多文化共生の理念に基づくものであったと言えます．他者の文化や価値観に対する不寛容が，日本も含めた世界各地で大きな摩擦を引き起こしている昨今，多様な人々が平和に共存する社会を築くため，われわれはスミス氏の EIL 論に学ぶべきであると思います．

目　　次

第I部
ESOL教員養成担当者プログラムと日本の英語教育への応用

第 II 部

EIL（国際語としての英語）/ WE（世界諸英語）

第 III 部

EIL（国際語としての英語）/ WE（世界諸英語）の一つとしての

「日本人の英語」の実現をめざして

─長崎からの実践報告─

本書で用いる略号一覧

EWC: East-West Center「イースト-ウエスト・センター」
ESOL: English to Speakers of Other Languages「他言語話者にとっての英語」
ESOL Teacher Trainers Program「ESOL 教員養成担当者プログラム」
ESL: English as a Second language「第二言語としての英語」
EFL: English as a Foreign Language「外国語としての英語」
ENL: English as a Native Language「母語としての英語」
TESOL: Teachers of English to Speakers of Other languages「他言語話者のための英語教師」(例: TESOL Convention)
TESL: Teaching English as a Second Language「第二言語としての英語教育」
EIAL: English as an International Auxiliary language「国際補助語としての英語」
EIL: English as an International Language「国際語としての英語」
WE: World Englsihes「世界諸英語」
IAWE: The International Association for World Englishes「世界諸英語のための国際学会」

第Ⅰ部

ESOL 教員養成担当者プログラムと日本の英語教育への応用

第1章

ラリー E. スミス氏担当:
ESOL 教員養成担当者プログラムに参加して

1975年3月のはじめ，筆者が大学入学試験の採点中のことでした．お昼休みに研究室に戻ると，文部省公募の英語教員養成担当者研修会の案内が回覧されてきているのを知りました．それは，ハワイのイースト-ウエスト・センター（East-West Center: EWC）主催の1975年9月1日から1976年3月31日までの7ヶ月間の海外研修プログラムの案内でした．当時の入試採点は1週間近く続いていましたので疲れてはいましたが，帰宅後に応募書類の2通の英文エッセイ（1通は，略歴を含めて，これまでどのような仕事をしてきたのか，もう1通は，このプログラムに参加するとどのような成果が期待されるのか）に取り組みました．3月10日頃の締切日であったと思いますが，数日後には，文部省からの書類も届き，3月末までにイースト-ウエスト・センターからの正式の応募書類に書いて送るようにということ，そして，イースト-ウエスト・センターの職員による最終の面接試験があるので指定の日時（5月18日であったと思います）に文部省に来るようにということでした．はじめての英語によるインタビューテストを受けるため，当日は，最高に緊張しながら臨みましたが，担当のラリー E. スミス（Larry E. Smith）氏（以下，スミス氏）

は，温厚なかたで，あっという間に終わって，ハワイでの研修を受けることが決まりました．どんなに頑張ってもうまくいかないこともありますが，このハワイ研修会への応募は，見えない力に導かれているようなとても不思議な巡りあわせであったように思われます．

今年は，ハワイのイースト-ウエスト・センターでのスミス氏担当のESOL 教員養成担当者プログラム（1975.9.1 〜 1976.3.31）に参加してから 40 年になります．

ESOL（English to Speakers of Other Languages）とは，ESL（English as a Second Language）と EFL（English as a Foreign Language）を含む用語ですが，それは，英語を母語とする人たちの英語，すなわち，ENL（English as a Native Language）とは対立するもので，イースト-ウエスト・センターではこのように母語話者と非母語話者との区別がなされていました．私たちのプログラムも，そのような枠組みの中での英語非母語話者の英語教員養成担当者のための研修会でした．

以下，英語の非母語話者の中で，特に，EFL の立場である日本人の立場からハワイのイースト-ウエスト・センターでの ESOL 教員養成担当者プログラムに参加して学んだことについて紹介したいと思います．

1.1. ESOL 教員養成担当者プログラムの内容紹介

まず，ESOL 教員養成担当者プログラムの内容について，40 年前のスケジュール冊子に基づいて紹介します．

1975 年 9 月 2 日（火）にイースト - ウエスト・センターのジェファーソンホール（Jefferson Hall）2 階のワシントンルーム（Washington Room）でのオリエンテーションから始まった ESOL 教員養成担当者プログラムの全体を表したスケジュール冊子を改めて開いてみると，当時のことが緊張感を伴って懐かしく思い出されます．ここでは，どのような内容で英語非母語話者の英語教員養成担当者のための訓練がなされたのかを紹介するために，プログラムの内容を簡単に紹介します．

まず，プログラムの冊子の中表紙には，次の事項が記されていました．

プログラム名: ESOL TEACHER TRAINERS PROGRAM
(English to Speakers of Other Languages),
主催者: EAST-WEST CENTER: Culture Learning Institute and Ministries of Education of Asian and Pacific Governments,
期間: September 1, 1975—March 31, 1976, Honolulu, Hawaii

このプログラムは，イースト-ウエスト・センターとアジア・太平洋地域の文部省主催となっており，当時の日本の文部省公募に応募した時のことが思い出されます．

ついで，プログラム・コーディネーターのスミス氏の最初の歓迎のあいさつがあります．

ALOHA and welcome to the East-West Culture Learning Institute program for ESOL Teacher Trainers.

You are now a professional participant of our Institute and although this schedule is for only seven months, I hope you will always feel you have a place with us.

The specific goals of the program deal with teaching English to speakers of other languages, however, our larger goal is to foster understanding for better relations among the peoples of Asia, the Pacific, and the United States through the open interchange of knowledge, ideas, and ideals. Each of us has a responsibility to help attain this goal.

Our schedule is designed to provide us with learning situations in which we can have an interchange of information about ESOL and thereby learn from one another. Please examine the schedule carefully and feel free to ask questions or make comments and suggestions.

....

Larry E. Smith
Research Associate

筆者は，参加者の１人として，これらの挨拶のことばを通して，スミス氏のプログラム参加者への細やかな配慮を改めて知ることができました．

とても多忙なプログラムでしたが，まず，毎月提出する宿題のテーマを紹介すると，例えば，９月の宿題は次のとおりでした．

Assignment for September: Working with the Administrators from your country, prepare a paper entitled, “ESOL: The State of the Art in Japan.” The headings should be: I. Geographical Location; II. National Foreign Language Policy which will include a) Objectives in Teaching Foreign Languages, b) Major Foreign Languages Taught, c) Introduction of English Instruction, d) Hours of English Instruction Per Week, e) Recent Changes; III. Objectives of English Education according to a) parents, b) teachers, c) students; IV. Attitude of the General Population Toward English; V. English Used in Society; VI. Textbooks Used and How They are Selected; VII. Principle Methods of Teaching; VIII.

The Examination System; IX. English Teacher Training Program; X. Teacher Qualification; XI. Major Problems; XII. Prospects for the Future. Due: September 30

最初からとてもたいへんでしたが，同時に実施されていた指導主事のプログラムに日本から2名参加しており，そのかたたちが日本の資料を持参していましたのでまとめることができました．

ついでながら，10月から2月までの宿題のテーマは次のとおりです．

10月：A paper entitled: "ESOL at/in (name of your institute); Conditions for Success and Reasons for Failure." Due Oct. 31.

11月：First draft of your Personal Project. Due: Nov. 28.

12月：Prepare an Evaluation Device for application which has been approved by Dr. Richard Brislin. Due: Dec. 20.

1月・2月：Personal Project Due: Feb. 28.

次に，実際の授業科目について紹介します．最初の2日間に，オリエンテーションが行われた後，9月には次のリスト内の1～10の授業が始まり，その後，10月，11月，1月にそれぞれ新しい授業が加えられています．

1. Language and Literature
2. Methods and Materials in ESOL
3. Culture and Language Seminar
4. American Studies
5. ESOL: Where Have We Been? Where Are We? Where Are We Going?
6. Drama in the English Class

7. The Teaching of Reading
8. A Biological Bases for Language?
9. CLI Tuesday at 11:00 Series
10. Individual Conferences with Mr. Larry Smith
11. Music as Communication (From Oct. 16, 1975)
12. “Sign” for the Deaf (From Oct. 16, 1975)
13. Non-Verbal Communication (From Oct. 21, 1975)
14. Question and Answer Series (From Oct. 31, 1975)
15. Linguistics: Past and Present (From Nov. 3, 1975)
16. ESOL Testing and Evaluation (From Nov. 4, 1975)
17. Approach, Method and Technique Lab. (from Nov. 14, 1975)
18. Syntax and Phonology (From Jan. 19, 1976)
19. Curriculum Design (From Jan. 19, 1976)
20. Variables in Teacher Training (From Jan. 20, 1976)

この中で3・6・8・10・12以外の授業は，教材開発のグループ，及び，指導主事のグループと一緒の大きいクラスの講義形式の授業でした．そして，15と18は，日本でも勉強していたことでしたが，その他の授業は，日本では出会うことのないはじめての授業でした．

これらの授業は，月，火，木，金に実施され，毎週水曜日は，“Independent Day for Professional Development and Personal Growth”として，自由に使える日になっていましたので，普段の授業では得られない経験ができる日でもありました．コーディネーターのスミス氏がわれわれのために普段できない計画を取り入れていましたが，最も印象に残っているのは，はじめの頃に，ハワイ大学の留学生の英語訓練コース（ELI: English Language Institute）で，これから正規の専門の授業を受けるための準備のコースでしたが，どのような訓練がなされているのかを見学できたことでした．そして，公立小学校では，親の仕事の都合でハワイにきている海外からの小学生たちのためにESLのクラスが用意されていましたので，そのクラスを参観させてもらったりしたことも印象に残りました．英語の母語話者の先生たちがどのように外国人の英語指導をしているのかたいへん興味がありました．これらの経験は，1980年代半ば以降，途上国からの教員研修生を長崎大学教育学部でも受け入れるようになりましたので，たいへん参考になりました．筆者自身，ブラジル，タイ，ミャンマー，フィリピンからの教員研修留学生たちとお付き合いすることになりました．

水曜日の夕方は，時折，それぞれの国の料理を作って持ち寄り，食事会をしたりもしていました．文化交流の一環として有意義であったように思います．

このプログラムは，7ヶ月間となっていましたが，最初の1975年9月から1976年2月までの6ヶ月間がハワイのイースト-ウエスト・センターで実施され，最後の3月は，フィールドスタディ（field studies）として，アメリカ本土を見てくることになっていました．

アメリカ本土へのフィールドスタディは，それぞれが計画を立てることになっていましたので，筆者は，3月はじめにニューヨークで開催された“TESOL Convention”に初めて参加し，アメリカの大規模な英語教育研究大会を見学できました．そこから，アメリカ本土を回る計画を立てました．ハワイで，きちんと計画を立て，その計画にしたがって，20日間余り，アメリカ見学をしてきました．

ニューヨークからワシントンDCへ列車で行き，そこからまたニューヨーク経由でボストンへ列車で行き，ボストンからカナダのトロントへはバスで移動．そしてトロントからデンバーへ航空機で移動．デンバーからサンタフェまでグレイハウンドバス（Greyhound bus）で移動し，サンタフェからフラッグスタッフ，ロスアンジェルス，そして，サンフランシスコへの移動も同バスを利用．それぞれの地で，グレイラインバスツアー

(Gray Line Tours) でその地域の観光を予約しておりましたので，リスニングの練習を兼ねながら，各地の名所を見学できました．バス旅行をしたおかげで，アメリカ全土に繋がるバスシステムの素晴らしさを知ることにもなりました．最近は，日本のバスシステムも充実したものになっていますが，当時は，日本では鉄道が中心でした．ワシントン DC からニューヨーク経由でボストンへ行くときに利用した列車は，アムトラック（Amtrak）と呼ばれ，日本の新幹線に匹敵すると言われていましたが，列車に関しては，日本の新幹線の方が優れていると思ったことを覚えています．

アメリカ合衆国の大きさ，東海岸と西海岸を中心に栄えた国であること，中心部には，砂漠が広がっており，砂漠の中に時々現れるインディアンの集落を見て，アリゾナ州には，アメリカインディアンの保留地（reservation）があることを確認できました．本当に大きな国であることを実感させられました．

以上のように，筆者には，ESOL 教員養成担当者プログラムは，多くの情報を得ることができた有益な 7 ヶ月間の研修でした．

1.2. ESOL 教員養成担当者プログラムから学んだこと

このような充実した ESOL 教員養成担当者プログラムに参加できた時期が，幸いにも，筆者自身にとってもそれを受け入れる準備ができていた時期であったように思います．英語科教員養成の仕事に携わるようになってから 3 年目が終わろうとしていた 1975 年 3 月の初め，それは，筆者に長崎大学英語科での英語科教員養成におけるいろいろな課題が見えてきた頃でした．筆者自身に今後の日本の英語科教員養成に確固たる考えがないことに気づいており，このまま続けると多くの被害者を創り出してしまうと考えていましたので，迷うことなく，文部省からの海外研修の公募に応募しました．前述のとおり，ハワイのイースト–ウエスト・センターで開催されたラリー E. スミス氏担当の 7 か月間に及ぶ ESOL 教員養成担当者プログラム（1975.9.1 ～ 1976.3.31）に参加することができました．筆者にとっては，はじめての本格的な英語教育の研修・訓練の場でした．それまでの 3 年間に，すでに英語科教育法 I・II（3 年生）のクラスで紹介するために，海外の英語国で行われている「第二言語としての英語教育 (Teaching English as a Second Language: TESL)」のいろいろな方法について論文などを通して学んでいました．

その頃，英語科には図書室がありましたが，当時の主任教授・武居正太郎先生が購入しておいてくださった Kenneth Croft（ed.), *Readings on English as a Second Language*（1972: Winthrop）を見つけ，当時，最新の ESL の論文，例えば，Audrey L. Wright, "Initial Techniques in Teaching English as a Second Language" や Cliford H. Prator, "Development of a Manipulation-Communication Scale" 等を読むことができ，3 年生の英語科教育法の授業で紹介していました．その内容は，それまでの日本で経験した英語科教育法とは異なる新しい考え方で，言い換えるなら，これらの論文を通して英語母語話者による使える英語の指導法に出会っていました．

ESOL 教員養成担当者プログラムについて，もう少し紹介します．すでに述べたとおり，ESOL とは，"English to Speakers of Other Languages" の略称であり，したがって，われわれのプログラムは，英語非母語話者の英語教員養成担当者のための研修プログラムでありました．1975 年のプログラムは，第 5 回目にあたり，それまでの研修プログラムを，毎年，参加者の意見を取り入れて，コーディネーターのスミス氏が修正を重ねてきており，充実したプログラムが編成されていました．

第 5 回目のわれわれのプログラムでは，アジアの各国から 11 名（タイ (4 名)，インドネシア（1 名)，フィリピン（1 名)，台湾（1 名)，韓国（2

名），ポナペ（1名），日本（1名））の英語教員養成担当者が集まり，当時のアメリカで得られる「第二言語としての英語教育（TESL）」についてのあらゆる情報が提供され，参加者も自らの英語運用力の訓練と，英語を使えるように指導する方法を学習するために，びっしり詰まったスケジュールをこなす忙しい7ヶ月間を過ごしました．われわれのプログラムは，イースト-ウエスト・センターの文化学習研究所（Culture Learning Institute: CLI）に属するプログラムであったため，英語教育だけではなく，その背景として重要な役目を担う文化の学習も熱心に行われていました．

日本の中で日本語を使って英語を学習し，そして教えることに慣れていた筆者は，覚悟はしていたものの，驚いたり，あわてたり，とても忙しい7ヶ月間でした．11名の仲間とは，英語でなければ意志疎通はできず，寮でも，ルームメイトは同じプログラムのタイの人でしたので，出会った日から，お互いに慣れない英語を使っての日常生活が始まりました．水曜日を除く月曜日から金曜日までの午前・午後の授業のほかに，毎日片づけなければならない宿題，毎週片づける宿題，月単位で片づける宿題，そして，2月末までに片づける宿題（Personal Project と呼び，テーマは各自で決める）があり，英語を使うチャンスは存分に与えられていました．

以下，印象に残っている例を紹介します．

最初に筆者に与えられた仕事は，すでに「はしがき」で触れたとおり，ハワイに着いてまだ1ヶ月間も経たない9月中旬に，他のプログラムの人々にわれわれのプログラムを紹介するというものでした．筆者は，はじめて，公の場でいろいろな国からきている人々に英語で話をすることになり，緊張のあまり，用意していた原稿から目を離すことができなかったことをよく憶えています．

日常的に英語を使わない EFL の国である日本から参加した筆者は，英語を使う練習の場がいろいろ組み込まれていたことにあとで気づくことができましたが，その時は，ただ，たいへんだという意識しかなく，一生懸命，与えられた仕事をこなしていたように思います．例えば，その一つに，新しい授業が始まる時の講師の紹介があります．11名の仲間に順番に役割が回ってくるのですが，すでに述べたように，この当時，イースト-ウエスト・センターでは，同時に，多くのプログラムが開設されており，他のプログラムの参加者たちと合同で授業を受けることがしばしばありましたので，多くの参加者の前で，新しい講師のプロフィールを紹介しなければなりません．当番がくると，割り当てられた講師のオフィスへ出かけて，略歴や専門の内容を尋ねて情報を集め，教室で紹介します．1回目は，かなりたいへんでしたが，2回目・3回目と回数を重ねるにつれて，楽になっていくことに気づきました．そして，「英語を使うこと」には，このようにして慣れていくことがわかりました．自分で英語を使わなければ使えるようにはならないという当然のことに，当時，日本の中では気づいていませんでした．

話すことについて，もう一つ付け加えると，月に1回，“Individual Conference”といって，コーディネーターのスミス氏のオフィスへ決められた時間に出かけ，1時間，自分の話したい内容を選んで話すという訓練がありました．これも，筆者には，はじめはなかなかたいへんでした．スミス氏の聞き役がよかったため，仲間の皆さんはスミス氏と話せることを楽しみにしていました．これは，イースト-ウエスト・センターのプログラムや寮生活などに問題がないのかなどを参加者に自由に話させる機会になっていたようにも思います．筆者の場合は，日本から持参したものを持って行って話す材料にしたりしていましたが，印象に残っているのは，スミス氏の方から，ホノルルの日系の人たちから「タチカワ先生」として慕われていた筆者の祖母の従姉に当たる人の話題を出されたことです．立川サエさんは，当時90歳近かったと思いますが，真宗寺住職のご主人についてホノルルに来て，『立川中女学校』を設立し，日系の子女の教育に長年携わっており，「生け花」や「茶道」も教え，その教え子の方たちが育って，すでに小学生たちに教えているという状況でした．「お作法」の時間があり，小学生たちが正座してお菓子と抹茶をいただく姿を拝見して，日本文化をホノルルで守っていることに感銘を受けました．小学生たちは放課後の3時頃からここで日本語や日本文化の勉強をしていました．スミス氏は，このような日本文化の習慣・慣習に興味があったようで，教え子たちがいつまでも「タチカワ先生」として慕っているという日本文化に感心しておられたようでした．

プログラムの中の講義の一つに，“American Studies” があり，この授業も，他のプログラムの人たちと合同の大人数で受講していました．この担当者は，参加者に義務ではないのですが，アメリカ（ハワイ）で気づいたことをエッセイにして提出するように指示していましたので，筆者は，英作文練習のために，1ページ程度のエッセイを毎週提出していました．講義の折に，何人かのエッセイが読まれていましたが，筆者のエッセイも何度か紹介されました．このような方法は，担当者に親しみを感じますし，授業に参加しているという実感がありました．

すでに触れたように，私たちのプログラムにも，土・日の休日を利用して，与えられた50ヶ所の名所リストから最低15ケ所を選んで，そこを訪ね，感想文を書いて提出する課題がありましたので，毎週英作文の訓練ができました．

このように，ハワイでのスミス氏のプログラムを通して，はじめて，英語教員として，また，英語科教員養成担当者として，英語を使う実践の場をいかに作るのかを学んだように思います．日本の英語教育では，文法・訳読を中心に学習しており，英語を実際に使うことを実践していなかったということに改めて気づき，そこが課題であったことを認識しました．

この他，“Culture and Language Seminar” では，それぞれの文化の紹介・学習に熱心に取り組みました．前述のとおり，私たちのプログラムは，イースト-ウエスト・センター（EWC）の文化学習研究所（CLI）に属していましたので,11名の参加者（タイ（4名），インドネシア（1名），フィリピン（1名），ポナペ（1名），台湾（1名），韓国（2名），そして，日本（1名））は，それぞれの文化の紹介をお互いにしていました．筆者は，日本から準備してきた略式のお盆建てで抹茶をご馳走したり，生け花を紹介したりしました．抹茶は，水曜日の夕方に開催される文化の紹介で，他のグループの参加者たちにもご馳走しましたが，彼らの反応はいろいろでした．フィリピンからの女性は，“Bitter!”(苦い！）と言って，飲めませんでしたが，タイからの女性は，飲んだ後に“fresh”(爽やか）な感じがすると言って，味わって飲んでいました．抹茶は，日本では高級品であるのが外国の人たちには通じなくて，高いのにもったいないと思ったことを憶えています．このような活動を通して，異文化学習を体験していたことになります．

またイースト-ウエスト・センター全体でも，それぞれの国からの留学生たちによるお祭りが賑やかに行われていました．例えば，インドネシアからの留学生たちによる“Indonesian Nights”でインドネシアの古典的な踊りなどの紹介，タイからの留学生たちによる“Thai Nights”では，伝統的な衣装を身に付けた踊りやタイのキックボクシングなどのタイ文化の紹介が活発に行われていました．

この7ヶ月間のイースト-ウエスト・センターでの研修がその後の長崎大学英語科での筆者の英語科教育法に大きな変化をもたらしたことは言うまでもありません．まず，最初に指摘しなければならない大きな変化は，英語は伝達手段として教えなければならないこと，そのためには，英語教師は，英語が使えなければならないことが前提となったことです．海外の英語国で行われている英語教育は，教師が英語の母語話者であるため，また，英語はそこに住む外国人（移民を含む）に教えられるため，英語を使えるように指導するのが英語教師の主な仕事であることになります．ESOL教員養成担当者プログラム・コーディネーターのスミス氏がわれわれに課したいろいろな研修内容の中にも，その前提として英語教師に英語運用能力が要求されていることをしばしば感じていました．言い換えれば，このプログラムには，筆者のような英語の非母語話者の立場からは，英語がもっと自由に使えれば簡単に出来ると思われる課題がしばしばありました．この前提のズレが，日・米の英語教育の根本的な相違点を端的に示していると思います．

1.3.　まとめ

英語を使わない世界から英語を使う世界へ突然入っていくと，いろいろ戸惑うことがあります．最初は，一つ一つをこなすのにたいへんな思いをしますが，一つ一つを経験することによって少しずつ慣れることができ，自信がついてくることをスミス氏に教えられました．筆者自身も逃げないで一生懸命頑張ったのも事実ですが，このような体験を通して，日本人の知識としての使えない英語は使えるようになるということがわかり，その後，長崎大学教育学部英語科学生の英語運用訓練には自信を持って対応できるようになりました．

日本とアメリカ（ハワイ）の英語教育の本質的な相違点は，日本では，英語について教えるということ，そして，アメリカでは，英語を使えるように訓練するということにみられます．日本の英語教育の中では，この訓練するという考え方がないように思われます．言い換えれば，英語を使えるように訓練するという仕事がこれまで学校教育の中ではほとんど配慮されていなかったと思います．スミス氏のプログラムでは，いろいろな形で，われわれ英語の非母語話者の英語教師に英語を使う訓練の場を取り入れていました．英語を使えるように訓練するためには，実際に使うチャンスをたびたび与えなければならないことになります．そして，使うことに慣れさせるためには，学習者のレベルに応じて，使うチャンスを与えるための創意工夫をしなければならないことになります.

全体としての印象としては，このプログラムには，英語教育についての知識と運用訓練がバランスよく組み込まれていたと思います. EFLの日本から参加した筆者には，英語の運用訓練の場がいろいろな場で提供されていたことが特に印象に残っています.

最後に，「国際語としての英語（EIL）」／「世界諸英語（WE）」が視野に入っている現在の立場から，われわれのESOL教員養成担当者プログラムの果たした役割について触れますと，それは，アジア諸国からの非母語話者の英語教員養成担当者たちにアメリカで行われているESLの英語教育の知識を提供するだけではなく，参加者たちがお互いの国の文化・習慣などの情報を交換しあうセミナーの場を提供し，さらに，EFLの国からの参加者にとってはより重要な英語運用訓練の場を折々に提供しており，すでに，国際化社会を視野に入れた英語教育の実践がなされていたように思われます.

〈追記〉

ここでは，第5回目のESOL教員養成担当者プログラムについて紹介してきましたが，第1回目のプログラム（1971年開催）には，吉田一衛先生（福岡教育大学），松村幹男先生（広島大学），田村光規先生（北海道教育大学函館校）の3名（カッコ内は当時の勤務校）が参加されたそうです. 吉田一衛先生（福岡教育大学名誉教授）から，急であったためビザ無しで出かけて，ホノルル空港で足止めされ，空港職員の英語が分からず，イースト-ウエスト・センターに連絡をとって通過できたこと，スミス氏は，参加者の意見を聞いてプログラムの修正をしていたこと，アメリカ本土旅行はたいへん有意義であったことなどを伺うことができました. 吉田先生は，長崎大学でのスミス氏の講演会（5.2. 節参照）にも，しばらくラリーに会っていないからと言って福岡から参加されました.

第2章

日本の英語教育への応用（1）*

イースト-ウエスト・センターでのESOL教員養成担当者プログラムを終えて帰国し，長崎大学での英語科教員養成の仕事の第一歩として取り組んだのは英語を使える英語科教員の養成でした．イースト-ウエスト・センターでのESOL教員養成担当者プログラムで，アメリカなどの英語が使われている国において実践されている「第二言語としての英語教育（TESL）」について学習して，それまで日本の英語教育で経験したことと根本的に異なることがある点に気づきました．それは，英語教員は英語を使えるということが前提になっていたことです．日本の英語科教員養成担当者としては，未来の中学校・高等学校の英語科教員である英語科学生たちを英語が使える教員として育てることが求められているということに気づきました．それは，当時，アメリカで話題になっていた指導法，例えば"The Silent Way"や"Community Language Learning"を取り入れるためには，教師は英語を使えるということが前提であったことからも明らか

* 本章は，大坪喜子著「英会話を中心とした英語運用訓練法」『長崎大学教育学部教科教育学研究報告』第9号（昭和61年3月）を基にまとめています．

でした．このため，英語科教員養成担当者として，「英語を使える英語科教員の養成」と「中学校・高等学校で英語を使えるように教える英語科教員養成」を目指す必要がありました．

ここで紹介する実践例は，ハワイのイースト–ウエスト・センターでの研修直後から試行錯誤的に行ってきたものです．その主旨は，高校までの英語科教育で長い時間をかけて英文法の知識を獲得している学生たちに，その知識をそれぞれが活性化させて，ことばとして使えるように，自由に英語を使ってみる場を提供し，英語を使えるようにすることでした．

2.1. 英語科学生の英文法知識の活性化を目指して

日本の大学における英会話の授業は，たいてい英語母語話者（native speakers of English）に任されていました．それはあまりにも当然のこととして日本人教師に受け入れられており，一切の英会話指導の責任は担当の英語母語話者に委ねられていましたが，英語の母語話者が常に効率よく日本人学生の英語を話す能力を伸ばすことに成功しているとは言えないのも事実でした．その原因はいろいろ考えられますが，その主なものとして，英会話の授業での日本人学生の「沈黙」を挙げることができます．英語を話す練習をするのがその授業の主な仕事であるにもかかわらず，学習者である日本人学生たちの多くは，教師である英語母語話者の話を聞いているだけになってしまうのが実情でした．

この沈黙の原因を日本人学生の立場から考えれば，中学校・高等学校において日本人教師により日本語で英文法を中心に訳読をするという，いわゆる，「文法・訳読中心」の英語の授業だけを経験して育ってきた場合，大学でいきなり英語の母語話者による英会話の授業へ入れられれば，黙っているより方法がなかったわけです．筆者自身も同様の経験をしていますのでよく理解できます．

幸いにも，1987年からは日本の中学校・高等学校の英語の授業に英語母語話者の指導助手（Assistant Language Teachers: ALT）が導入され，中学生・高校生たちも，直接，英語の母語話者の英語に触れることができるようになりました．それまでは，英語母語話者による簡単な発話さえも，大学ではじめて生きた英語に接するわけであり，すぐには聞き取れないであろうし，また，どのように反応すればよいのかもわからない状態であったかと思います．

その後，小学校にも英語が導入され，平成6（1994）年度には，3年計画で，当時の長崎県西彼杵郡多良見町伊木力小学校でも文部省指定の「小学校における外国語に関する研究開発校」を引き受け，筆者も運営指導委員会座長として関わっていたことを付け加えておきます．平成12（2000）年度からは，現在の『小学校英語教育学会: JES』の準備が東京学芸大学を中心に始まり，筆者も教員養成大学の担当者の1人としてその準備委員会に加わっていました．学習指導要領が平成28（2016）年度に改定され，これまで正式な教科ではない「外国語活動」が2020年度から小学校5年生・6年生が正式な教科として英語を学習するという段階に至っています．しかしながら，日本における英語教育の課題「英語を使える英語教員の養成」については，そのままになっているように思われます．（『長崎新聞』2014年11月9日を参照．）

筆者自身は，長崎大学教育学部において，1972年から中学校・高等学校の英語科教員養成の仕事に携わり，その間に，英語国での研修を受けることができ，自らの英語運用訓練を行いながら，英語母語話者の教師たちの外国人学習者に対する英語運用訓練法を観察することができました．とりわけ，前述のESOL教員養成担当者プログラム（1975.9.1 ～ 1976.3.31）での学習の一環として，ハワイ大学での留学生のための英語訓練コースを見学した際，母語話者の担当教師がリスニングの指導において，自分でリスニング教材を音読して訓練をしていたのが印象的でした．日本の学校では準備された既製品の録音テープを使うのが当たり前のことでしたので，なるほどと思ったことをよく憶えています．また，イギリスのランカスター大学での夏期講座（1979 年 7 月・8 月）では，ランカスター大学のスタッフによる工学系大学へ進学するイラン人学生（イランの高校を卒業した学生）の訓練を見学できましたが，そこでは，英語を話す訓練において工学系の学生たちの興味のある話題（例えば，車のシャシやコンパスで図形を描いたもの等）を取り上げ，グループ内で自由に話をさせていました．両方とも，10 人位のクラスでしたが，これらの母語話者によるクラスを見学して，日本人教師による英語の教え方と英語母語話者による英語の教え方の違いに気づくことができました．母語話者の教師の場合，学習者の立場により近い視点で英語の指導が行われているように思えました．日本では，テキストを教えるという感じであるため，英語そのものを「生きたことば」または「使えることば」として教えることから距離があるように思われます．言い換えると，日本人教師自身が英語を使うモデルとなることが求められていると言うことができます．

筆者自身は，海外研修で日本ではできなかった「英語を使うこと」を経験でき，日本人学生の英語運用訓練において相手をすることが可能になり，実際の英語科カリキュラムの運用においては，1976 年頃から英語科学生の運用訓練の相手をしていました．日本人学生の英会話の手ほどきは，もし日本人教師にある程度の英語運用能力があれば，文化を共有する日本人教師の方が，文化を異にする英語母語話者よりは，より効率よく行うことができるように思います．ついでですが，スミス氏は，Smith（2004: 79）において，英語母語話者の教師は「ベター」(better）ではあるが，文化や育った学校教育システムを共有する日本人教師の方が「ベストティチャー」(best teachers）であるという理由を紹介しています．

次節では，ハワイのイースト-ウエスト・センターでの研修やイギリスのランカスター大学での研修などを通して創り出した英語科 2 年生のための英会話訓練法を紹介します.

2.2. 受身英語から能動英語への転換装置として

授業科目「英語演習 I & II」(2 年生前期・後期）は，英語科学生（専攻生 10 名と選修生 15 名）のための英語運用訓練コースとして，日本人教師による英文学や英語学の授業と英語母語話者による英会話の授業の間の橋渡しの役目をするために開講しました. それは，英語科学生たちが中学校・高等学校における英語の授業で訓練されてきていれば，当然，不必要であるという意味で，英語科学生の英語運用訓練を補うコースであると言うことができます.

英語の文法について知っているということと自分の言いたいことを英語で言えるということとは直接的に結びつかないということができます. 特に，受験のための英文法・訳読中心の学習に慣れて育った人には，英語は常に苦闘しなければならない学科目として存在し，自分の意思を伝えるための「生きたことば」としては認められないようです. 当時，毎年英語科へ入学してくる 10 名の英語科専攻生たちも，ほとんどがそのような英語学習の指導を受けてきていましたが，その中に，1 ～ 2 名の割合で，中学校，または，高等学校で英語運用指導のできる教師に出会っていて，積極的に英語母語話者の英会話の授業に参加している学生がいました. 一度，英語運用訓練を受けていれば，英語母語話者の授業に自ら積極的に参加できるらしいということに注目していました. 彼らは，英語をことばとして学習する方法を体得していたように思われたからです.

英語演習 I & II は，不幸にして中学校・高等学校において英語運用訓練のできる英語科教員に出会う機会のなかった英語科学生も卒業するまでには，英語を伝達手段として使えるように自信をつけさせるために受身英語から能動英語への方向切換装置の役をするコースとして開講しました．言い換えるなら，「知識としての英語」を自ら活性化（activate）させ，「ことば」として使えるように方向づけを与えるためのコースです．

なぜこのような英語運用訓練が必要であるのかといえば，まず，第一に英語の使える英語科教員と英語の使えない英語科教員とでは，その教え方に大きな違いが生ずることが指摘できるからです．たとえ，英語科教育法I・II（3年生）の授業でいろいろな第二言語としての英語（ESL）の教授法や指導技術を学習したとしても，英語運用能力のない英語科教員の授業の実際はかなり限られたものになります．おそらく，これまでのような英文法・訳読中心の授業だけを続けなければならなくなります．一方，教師に英語運用能力があれば，学習者の必要性に応じて，教授法も幅広く取り入れることができることになり，中学校・高等学校における英語の授業にも多様性が生まれることが期待できます．第二に，これはもっとも重要なことであると思われるのですが，英語が使えないと思っている英語科教員の多くは，英語を話すことができないと思っているために，他の「聞く」「読む」「書く」ことの運用能力があっても，結果的には英語運用能力に自信を持てない状態に陥っている傾向がみられましたので，学生のうちに英会話の訓練を中心として，知識としての英語（すなわち，「受身英語」）を自ら活性化させ，英語運用能力に自信を持てるようにする必要があると考えていました．実際の問題として，筆者自身の経験からも言えることですが，英文法・訳読中心の授業で育てられた場合，その知識としての英語を自ら活性化させるのは，たいへんな時間と労力がかかり，たいていの場合，失敗してしまうことが多く，「使える英語」にならないのが普通であるように思います．そして，英語が使えるようになるかどうかは，日本では，個人の努力次第であるとして，学習者に任されているように思います．

2.3.　長崎大学英語科 2 年生のための英会話の指導実践

英会話中心の授業においては，英文法・訳読中心の授業，または，英文解釈中心の授業では問題にならないところが問題になります．後者においては，通常，教師中心の授業で，テキストに依存した授業形態となり，それは，特に，問題になることはなく，むしろ，日本では普通の授業の形として受け入れられています．しかし，前者，すなわち，英会話中心の授業においては，教師中心の授業形態をとれば，たとえその授業を英語母語話者が担当したとしても，学習者たちにとっては英語のリスニングの練習のみをすることになり，英会話本来の仕事である「ことばのやりとり」は，せいぜい，教師対少数の学生ということになってしまいます．したがって，英会話の授業においては，学習者中心の授業形態にすることが重要になります．すでに知識として持っている英語（すなわち，受身英語）を学習者自身が，自ら，活性化させなければならないため，英語による「やりとり」を練習しなければならないのは学生たち自身であるからです．

英語演習 I & II（2 年生前期・後期）では，思い切って，従来からの教師中心の英語の授業の枠を破って学習者中心の授業形態をとることにし，学習者たちがお互いに相手を利用しあって練習するという方法を取り入れました．特に，学習者たちが間違いを恐れず，むしろ，間違いながら，自分自身の「受身英語」を活性化させることができるように工夫しました．このため，まず，第一に，緊張感を取り除くためにゲームに類する練習を採り入れ，学習者が必ず相手に何かを言わなければならない状態におくようにしました．このためには，ペア・ワーク（a pair work）が有効でした．つまり，ペア（a pair）を組ませて，お互いに，相手に自分の知る限りの英語を使って，言いたいことを伝えるようにさせたのです．理論的には，ペア・ワークは，二人だけの個人的・私的な会話であり，間違っても，恥ずかしさをあまり感じないで，お互いに楽しんで練習できる場のようでした．恥ずかしがり屋の日本人学生たちにはとても有効であったと思います．

〈英語演習の主旨〉

英語演習I（2 年生前期）の最初の 4 週間（週 1 回: 100 分授業）ほどは，ペア・ワークにより間違いながらでも，英語を使う練習をすることに慣れさせます．毎週，相手を交替させるようにして，自分だけでなく他の仲間も同じように間違いながら練習をしていることを知らせます．仲間も同じ状態であることを知るのは，日本人学生の英会話の練習においては特に意味のあることのように思われます．間違いを恐れたり，間違いを恥と思ったりする日本人特有の沈黙の原因が自然に取り除かれることになるからです．

〈英語演習の実践方法〉

ペア・ワークではどのような仕事をさせるのかというと，例えば，意味のない簡単な絵を描いて，それぞれのペアの 1 人に渡し，他の 1 人には白紙を渡します．絵を持っている方が，英語だけを使ってその絵を相手に説明し，聞いている方は，その説明にしたがって絵を描きます．絵が描けたら，今度は，役割を交替して，もう一人に別の絵を渡し，同様に英語だけを使って，その絵を相手に説明し描かせるようにします．ペア・ワークでは，それぞれのペアによって，当然ながら，早い・遅いの差は多少ありますが，それはこの場合は問題とはなりません．むしろ，時間の許す限り，それぞれが「受身英語」を活性化させるために苦闘するように，次々と仕事を与えることが重要です．当然ながら，この授業では教師は英語を使うことを前提としますが，話す練習をしなければならないのは学習者の方であるため，できるだけ，それぞれの学生に話す機会を与えるように，十分に絵と白紙を用意し，教室内を見回り，絵を描き終えたところには次々に新しい絵を与えていきます．この練習では，学習者の間違いは問わず，むしろ，間違いながら，知識としてもっている英語を使って慣れさせることに重点が置かれます．以上が，「英語演習」の最初の仕事です．

4週間ほども経過すれば，学生たちは仲間どうしで英語を話すことに対する抵抗もなくなってきますので，その頃から，自分の意見を表すことができるような教材に変えることにします．最初の4週間の間にも，やさしい絵から複雑な絵に変えていきますが，絵を説明すること自体は，話し手の意見を言うことにはなりません．実際のコミュニケーションでは，自分の意見を伝えるのが基本であるため，考えながら自分の意見を表現できるように学習者にとって興味のある教材を選び，彼らの立場で考えさせることにします．しばしば用いる教材は，日・米文化の違いを扱ったもので，テキストとその録音テープを用います．各自でテキストを授業前に予習し，録音テープも聞いておくことにして，教室では，もう一度，録音テープを聞いて，4・5人のグループでその内容について思うままに意見を出し合って話し合うようにします．この場合，話題が彼らにとって興味のないものであれば，すぐに沈黙に陥ってしまいます．興味がなければ，言いたいことが出てこなくなりますので，沈黙を避けるために，教師の方で日・米文化の間でどこが問題になるのかについて，予め説明しておきます．学生たちは，日本文化の中で育ち，他の文化と衝突するということがどういうことであるのかさえ分からないのが普通ですので，テキストのそれぞれの課の話題と関わりのある具体例を日本人の立場から補足説明をします．それから，30分～40分の時間を与え，それぞれのグループで自由に話をさせます．この時，話題がなくて沈黙が続いているグループには教師も参加し，ヒントを与えたり，仲間の1人として，意見を述べたりします．そのあと，それぞれのグループでどういうことを話し合ったのかを，クラス全体に対して説明させます．この場合，口数の少ない学生を選んで，発言させたり，説明不足の場合は，そのグループの他の仲間に補足させるという方法をとったりします．また，聞いている他のグループには，質問やコメントがあれば自由に発言するように仕向けます．最後に，宿題として，次週までに各グループで話し合ったことを基に，自分の意見を英文エッセイとしてまとめてくるように指示します．当時は，高校までに，文レベルの練習だけしかなされていなかったため，彼らには，エッセイを書く訓練も，パラグラフ構成，文と文との連結の仕方など，英語の修辞法に従って自分の意見を述べる初めての経験でした．

英語演習 I（2 年生前期）が終わる頃，学生たちは，ちょうどこの授業でしなければならない仕事に慣れた段階になります．英会話を中心として英語運用能力を身に付けるためには，さらに訓練を続ける必要があり，英語演習 II（2 年生後期）においても同じ方法で英語運用訓練が継続されます．教師は，学習者が話したくなるような話題を提供して，彼らが多くの仲間と英語で話し合えるように配慮します．つまり，英語を知識としてだけではなく，実際の運用を通して学習できるように工夫するのが英語運用訓練における教師の仕事となります．（“helper” または “facilitator” と呼ばれます．）

2.4. 「学習者中心」の授業の長所

学習者が自ら学ぶという方向で運営される学習者中心の授業の長所は，第一に，学習者が全員参加でき，それぞれに達成感が得られることです．英語演習の学習活動は，学習者たちの英語を自由に話せるようになりたいという強い意志に支えられ，特に効果的であったように思われます．学生たちは，仲間どうしでお互いに相手を利用しながら，または，助け合いながら，英語を話すことに慣れていくことができます．第二に，ここで用いたペア・ワーク，または，少人数のグループ・ワークの副産物として，相手の言うことに耳を傾ける習慣が身に付くことを上げることができます．この方法を用いる前に，一つのテーブルを 10 名の英語科専攻生たちが囲んで，録音テープを聴いて，その内容について話し合うという形式を用いていましたが，学生たちは，仲間が意見を述べているとき，その意見に耳を傾けるより，自分の順番の時に何を言うかを一生懸命考えているという状態でした．間違いのないように言えるように，頭の中で文章を作るのに忙しく，仲間の意見等聞く余裕もない様子でした．ペア・ワークやグループ・ワークでは，会話の基本である「やりとり」が自然に身に付くように思われます．英会話の訓練においては，「学習者中心」のペア・ワークや少人数のグループ・ワークは，かなり有効な教室内の訓練形態であることを指摘しておきたいと思います．

2.5.　学習者からの評価

このような学習者中心の英会話の訓練において，日本人学生たちはどのような反応を示すのかについて触れておきたいと思います．実践した教師の立場から述べるなら，学生たちがはじめて出会う２年生前期からこのような練習を始めた場合，ほとんど例外なく，楽しそうに唸りながら，単語を探したり，うまく伝えられなくて，苦闘しながら，それでも楽しそうに聞き手に何かを話そうとしている光景が教室のあちこちで見られました．友達も同じように英語でうまく言い表せないことを知ることにより，気持ちの負担が軽くなるようで，学生たちはお互いに辛抱強く相手の言うのを待っている光景もしばしば見られました．はじめに期待していたよりもはるかに学生たちの評判もよく，効果的に作用していたように思われました．教師は，英語を教えるというよりは，学習者が話しやすい雰囲気を作り，話しやすい教材を用意し，最大限に個々の学習者が英語を話す機会を持てるようにすればよいわけです．この授業では，学生たちが中心となり，彼らがそれぞれ楽しい苦闘をしている授業風景となります．

次に，学習者の立場からの英語演習についての評価を示すことにします．昭和 60（1985）年度前期の英語演習Ⅰ（2 年生）が終わった段階で，学生たちにこの授業についての彼らの評価を最後の英文エッセイに書いてもらったものの中から，一つを選んで，学習者の立場からの評価の例として示すことにします．

"Reflection" M. O.

Through this course of six months, I had learned a lot of things. I was able to acquire the differences of the ways of thinking between the Americans and the Japanese. And I practiced to speak English in public. Besides, I got accustomed to writing essays. These classes were very helpful to me in all aspects.

First, as for the textbook, it is very interesting for me. It makes me recognize what I wasn't aware of what I didn't know about English. What I think as a natural reaction, thought or behavior in Japan sometimes seems to be strange, rude or unnatural to the Americans. As each topic shows us some examples occurred from such misunderstandings, this book is easy to understand what the author says. Second, through these classes, I'm accustomed to speaking English in the presence of others. Though I don't know whether my ability of speaking English improved, it is true that I acquired the attitude to trying to speak English, and I come not to be shy. It is partly because I always discuss with my close friends. Lastly, I got accustomed to writing essays. At the beginning of this class, I didn't like to write essays because it took a few hours and it was difficult to make contents unite. But every time I wrote it, I came to get accustomed and I could write it without much trouble. It is very useful to me.

I think these classes are very complete through the whole. If I request one thing, I would like to discuss with other members.

このエッセイは，英語演習 I において，学習者がどういう仕事をしていたかを示しています．要旨を簡単に紹介すると，最初のパラグラフで，この 6 ヶ月のコースを通して，多くのことを学んだということを述べ，具体的に，アメリカ人と日本人の考え方の相違を学んだこと，そして，人の前で英語を話す練習ができたこと，エッセイを書くことに慣れたこと，そして，この 6 ヶ月間の授業はいろいろな面で自分の助けになったことを述べ，次のパラグラフで，さらに，それぞれについてもう少し詳しく述べており，とても上手にまとめられています．

この他の学生たちの意見にも興味あるものが見られ，例えば，話したり，書いたりするためには，自分自身の意見をまとめなければならないのが難しかったということ，従来の文法・訳読中心，または，和文英訳の授業では受身（passive）でよかったのが，この授業では，能動的（active）にならなければならなかったということ，そして，話題に興味がないと何も言えなくなるなどのコメントが述べられていました．また，上記のエッセイにもグループ・ワークのメンバーが固定化してしまったことに対してコメントが述べられているように，もっと他の仲間とも話したいという意見がかなり見られたのは日本人学生らしい特徴であるのかもしれません．教師が特に指定したわけではないので，いつでも自分たちで自由に交替してもよいことを伝えると，後期のクラスでは，毎回，「阿弥陀くじ」でグループを決めていました．

2.6.　まとめ

ここで示した学習者中心の英会話訓練法は，英語教育の立場から言えば，"Fluency activity"（流暢に話す練習・活動）と呼ばれるもので，"Accuracy activity"（正確に使う練習・活動）に対する方法です．間違いながら，伸び伸びと英会話の練習ができる機会を授業の中に取り入れることができれば，日本人の学習者たちの多くは，よりスムーズに英語を話すことに慣れることができるように思います．クラスで話し合った内容を使って，次週までに自分の伝えたい内容を英文のエッセイにまとめて提出することにしていましたので，英作文を通して"Accuracy activity"も毎週できていたことになります．宿題の英作文は，クラスで話した内容を書くことになり，自分の発話を自分で考え直すことができるという利点があります．

2.7.「英語演習」に参加した卒業生からのコメント

ここでは，昭和 57（1982）年度の「英語演習」の授業に参加した卒業生が当時の思い出を書いたものを紹介します．

長崎県立高等学校教諭　Y. Y.[1]

大学の授業で「英語演習」という授業がありました．その授業を担当の大坪先生が，ある日，何か変な絵を持ってきて，私たちにこう言いました．

「この絵を，相手に見せないで，英語で説明して描いてもらいなさい．」

それまでそんなことをしたことがない私たちは，なんだか楽しそう，というのでみなワクワクしていたと思います．私もワクワクして，さっそく相手とそのワークを始めました．

[1] Y. Y. さんは，昭和 57（1982）年度の「英語演習 I・II」（2 年生）の受講生．

Under the line ... there are two balls and a triangle. One ball is larger than the other ...

もちろん，最初はこんなにスラスラとは言えませんでした．目の前にはっきりと伝えたいことがあるのに，そのための言葉がうまく出てこないもどかしさ．これは，外国語学習の途上で誰もが感じるフラストレーションであると思います．

それでも，一生懸命私たちはやりました．そして，描かれている絵が英語の音声となって発話され，それが相手に伝わった瞬間の達成感．本当に瞬間なのですが，せき止めていたものがするっと流れたような快感があったことを憶えています．

この演習の優れているところは，ほんの数枚の奇妙な絵だけで英語を使わないといけないシチュエーションが出来てしまうということです．ただ「何かについて英語で話してみなさい」と言われるよりも，伝えるべきものが明確です．どんな言語でも「話す」前提として，「伝えたいこと」があるわけです．それが漠然としていたり，文法事項習得を目的としたものだったりすると，「伝わった！」という達成感は薄く，その言語の運用能力の習得にも繋がりにくいと思われます．

高等学校の現場で，私自身も何度かこのアクティビティを取り入れました．その際，最初にいくつかの表現を確認しました．用紙の個所を表す表現，図形を表す語句，そして位置関係を表す前置詞などです．具体的に言うと，The top (of the sheet), the bottom, the right side, the left side, the left top corner, triangle, square, circle, under, over, between などの表現です．また，「～に～がある」という表現は There is ..., There are ... で，「～を描いて」と言いたければ Draw ～ と命令形でよい，なども確認すると，生徒たちはやりやすいでしょう．生徒たちがとても生き生きと活動していたことを憶えています．

また，図形ではなく人や動物，家などを使った絵を使用したときには，それぞれの生徒がいろいろな絵を描いていて，完成した絵をお互いに見せ合って盛り上がりました．

それでは，実際に，次の絵を説明して相手に描いてもらいましょう．

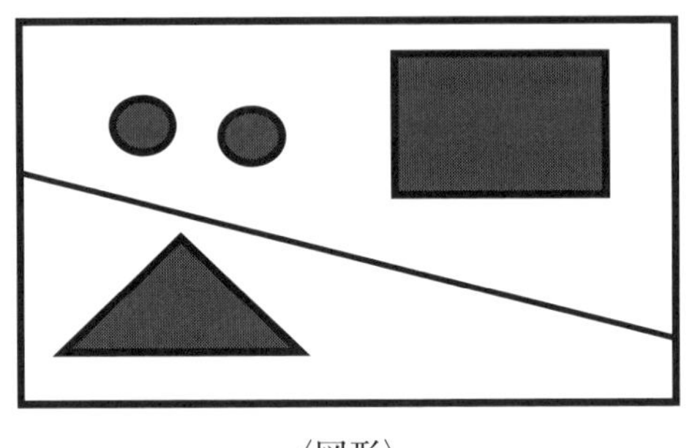

〈図形〉

ポイント：ジェスチャーは使わない，描いている絵を見ない，という 2 点です．○△など図形はジェスチャーでも伝わるので，英語を使うチャンスを減らしてしまいます．また，見えてしまうと，No, no! Much bigger! 等の指示をしてしまい，最初の説明で描いたものを描き直させてしまうでしょう．それはそれで訓練になるでしょうが，まずは，相手の描いているものを見ることなく，英語の説明だけで伝える，というルールでやってみましょう．（2016 年 4 月 20 日）

〈筆者からのコメント〉

Y. Y. さんが，30 年以上も前の授業風景をよく憶えていることをたいへん嬉しく思います．大学生と高校生の違いはありますが，それぞれのレベルで応用していただければよいと思います．ポイントは，日本の学校教育の中で，学習者が，間違いながら，自分自身が学習してきた英語を自由に取り出して使ってみる場をぜひ取り入れていただきたいということです．

第3章

日本の英語教育への応用（2）

ここでは，長崎大学英語科2年生のための「英語演習I & II」で英語運用訓練をした後に，3年生のために開設した「英語教育演習I & II」の実践例を紹介します．英語運用能力が身に付いてくると，日本人学生たちにもいろいろな能力開発ができることになります．その一つの試みとして，「音読練習」を加えることによってリスニング教材の作成に挑戦したものです．

3.1. 日本人学生によるリスニング教材作成に向けて

すでに触れたように，ESOL教員養成担当者プログラムの中で，1975年秋頃であったと思いますが，ハワイ大学の留学生のための英語訓練コース（ELI: English Language Institute）を見学した折に，英語母語話者の教師がリスニング指導において，既製品の録音テープではなく，自らテキストを読んで聞かせる授業をはじめて見学し，英語母語話者と非母語話者の教師の違いに気づきました．日本の教室では，既製品の録音テープを使ってリスニングの練習をさせるのが当然のことでしたので，忘れられない場面として記憶に残っています．英語が使えるということは，このようなことができるということなのだと実感した場面でした．

その後，1977 年 7 月・8 月のアメリカ言語学会夏期講座（ハワイ大学とイースト-ウエスト・センター共催）で，テッド・プレイスター（Ted Praister）氏他担当の教材開発のコース（Materials: Selection and Adaptation）を受講して，実際に教材を作ってみる経験を通して教材作成・編集の方法を学習しました．プレイスター氏には，ESOL 教員養成担当者プログラムの講師としてすでに出会っており，氏の著書，*Developing Listening Comprehension for ESL Students: The Kingdom of Kochen* (1976: Prentice Hall）の原稿と氏自身が録音したテープをプログラムの中で練習用に利用しました．氏自身の録音テープを聴いていると，犬の鳴き声が遠くに聞こえていましたので，録音が普通の部屋でなされていることが想像でき，ハワイらしいのどかさを感じるものでした．このような経験を通して教材作成は自分の近くでできるものと考えていました．

実際に，英語科学生たちにリスニング教材の作成をさせることになった背景には，次の二つのことがあります．その一つは，プレイスター氏の上記のリスニング用の教材を入手して帰国していましたので，長崎大学の学生たちのために使用したいと考えていました．録音テープがなかったため，筆者自身，自分で何とかしたいと考え，何回も音読練習をして，自分の読んだテープを何回も聴き，気に入らないところを修正していくとなんとか学生たちに聞かせてもよい程度になりましたので，教室で読んで聞かせたりしてみました．これは，やはり，ハワイ大学の留学生の訓練をしていた母語話者の教師に刺激を受けてのことであったと思います．日本の中にいただけでは思いつかないことであったと思います．

もう一つは，教室で日本人学生たちにテキストの音読をしてもらうと，日本人特有の気になるイントネーションがあることに気づいていました．その特徴は英語のイントネーションとは異なり，平坦で，文の終わりが分かりにくいものでしたので修正させたいと考えていました．このため，英語運用能力が身に付いてきた英語科 3 年生のために，「英語教育演習 I & II」(3 年生前期・後期）を開設し，英語の音読練習を取り入れることにしました．昭和 58（1983）年度頃のことです．

3.2.　音読練習の方法

具体的には，それぞれが好きな英語母語話者の録音されたリーディングのモデルを選び，よく聴いて，それを真似て読むよう指示します．できるだけモデルと同じに読むように，何度もモデルを聞いて日本人特有の癖をなくすことを目指しました．そして，それぞれが十分練習した後に，モデルと自分の音読練習の成果を録音し，それを教室で仲間と一緒に聞いて，気づいたことをお互いに指摘するという方法を取りました．すでに，学生たちは 1 年生で「英語音声学」を勉強していましたので，音声学的知識を利用しながら，イントネーションも含む修正をそれぞれができるようにしました．仲間どうしで，具体的に修正した方がよいところを指摘しあっていましたが，参加者 1 人 1 人，かなり効果的に修正できるようになりました．

1 ～ 2 か月間続けると，音読に慣れてきて，その内容によっては，「役」により「声音」を変えて読み聞かせをするようになる学生も出てきました．子供の声を真似しながら，「役」を表すという高度なこともできるようになり，何よりも，それぞれが楽しみながら音読練習をしていたのがよかったと思います．将来，英語の授業でモデルとして読んで聞かせることができることを伺わせるものでした．筆者は，この授業ではじめてこのような機会を提供したのですが，いろいろな機会を用意すると，学生たちはその能力を想像以上に自ら伸ばすことができることを学びました．

3.3. 学生たちのリスニング教材作成

「英語教育演習 I & II」(3 年生前期・後期）では，前期に，音読に慣れることに集中させて，後期には，各自，長崎周辺の身近な話題などで，英文のエッセイを書き，そのエッセイを音読し，テープに録音して提出させることを目指しました．各自，テーマを決めて，エッセイを書き，T–F クエスチョンをつけて提出するわけですから，最後の仕上げの段階は，それぞれたいへんな作業であったと思いますが，なんとか最終的には完成したものが出来上がりました．その後，昭和 58（1983）年度の 3 年生のこの授業の成果を編集し，一冊の冊子[1]と一本の録音テープにまとめました．高等学校の英語のクラスで利用できるものになりました．彼らは，日本人教師として，自分自身で教材を音読して生徒たちのリスニング訓練ができることになります．ハワイ大学の留学生の訓練コースでの母語話者の訓練法が，日本の中で，日本人教師によって実現することになりました．

学生たちの作成した教材の内容（下記 1 を参照）について触れますと，長崎の風物誌を取り上げたもの，1982 年 7 月の長崎大水害の体験談，また，「私は誰でしょう」("Who am I?") など，大学生の目線で書いてお

---

[1] Yoshiko Otsubo (ed.), *Listening Comprehension Exercises for High School Students*.

Contents: *Nagasaki and Christianity* by E. Kobuchi
Easter by K. Komori
"*WHO AM I?*" by Y. Miyata
Dreams by M. Noda
Shoronagashi by T. Taketomi
The Flood in Nagasaki by H. Kawashima
I Have Four Boyfriends by Y. Yamaga
The Scorpion by K. Morishita
Handshake by C. Suzuki
"*How Are You?*" by T. Nishihara

り，日本の高校生たちには，むしろ取っつきやすく，身近に感じる内容のもので，英語を自分のことばとして使うことにつながる良い教材になりました．このようにして，英語が身近になることは，使えることばとしての英語という自覚が日本の高校生たちに芽生える機会になり，さらに，日本人教師のほうにも，英語を自分のことばとして使い，生きた英語の指導ができることになります．既製品の教材だけに頼るのではなく，教師が教材を自由に作れることは，教師自身にとっても，英語が生きたことばだと実感することになります．

今回，あらためて昭和 58 (1983) 年度の「英語教育演習 I ＆ II」(3 年生前期・後期) で作成されたリスニング教材 (録音テープ) を聞いてみましたが，とてもきちんと音読ができており，聞きやすい教材になっています．当時の英語科 3 年生の英語能力を改めて確認できたように思います．

3.4. 「英語教育演習」に参加した卒業生からのコメント

長崎県立高等学校教諭　Y. Y.[2]

おかしな絵を英語で説明し合う「英語を使う訓練」の他にも，記憶によく残っている活動が二つあります．一つは，英語の読みをカセットテープに吹き込んで持参し，お互いに聞き合って助言し合う，という活動です．当時，英語科の学生は 10 名，それぞれの読んだ英語を聞き，“ああだこうだ”と批評し合います．私自身は，「速すぎてわからない」と 2 度言われ，3 度目には「モデルの (ネイティブスピーカーの) テープかと思った！」というありがたい感想をいただいたこ

[2] Y. Y. さんは，「英語教育演習 I & II」(3 年生) の昭和 58 (1983) 年度受講生．

とを憶えています．(中学生の頃に教科書のテープを買ってもらい，こだわってそっくりに読めるように練習していたので読みには多少自信がありました．)

みんなで発音を磨き合った後は，「リスニングの教材を日本人の大学生である自分たちで作る」という大胆な試みに入りました．もちろん，大坪先生の指示です．まずはそれぞれのテーマで，ある程度の長さの英文をいくつか書きます．それぞれの文章には5つ程度のT–Fクエスチョンがついています．それを先生に添削してもらって書き直したあと，読んでテープに吹き込むのです．それぞれが3～5 (?) 作品を書き上げて読みを吹き込み，それを1本のテープにしました．また，原稿は，一冊の本になりました．

これは，「ネイティブスピーカーの英語だけが英語ではない，日本人の英語でも立派にリスニング教材になりうるのだ」ということを証明するものになったと思います．今でこそ，この「ネイティブスピーカーの英語だけが英語ではない」という考えが広がりつつありますが，この教材を作成したのは私たちが大学生の頃，つまり，30年以上前ですので，非常に先進的な試みであり，活動であったと思います．またその成果物は立派にリスニング，リーディング教材として使えるものでした．実際に教員になって，何度かこの教材を使用しました．

年月が経ち，私自身はその教材を紛失してしまいましたが，大坪先生がきちんと管理されておられると聞きましたので，コピーをいただいて，現在勤務している高等学校の現場でぜひ使用したいと思っています．(2016年4月26日)

〈筆者からのコメント〉

「英語教育演習Ⅰ & Ⅱ」(3年生) での「音読練習」および「リスニング教材作成」の活動は，Y. Y. さんの楽しそうな様子から，うまく彼らの能力を生かし，さらに，意欲を刺激しており，彼らを満足させる課題であったようです．3 年生になると彼らの能力が急に伸びることを実感していました．

3.5. まとめ:「日本人の英語」の実現に向けて

英語の使える英語科教員の養成を目指して，1976 年頃から 2004 年頃まで，英語科 2 年生のための英語運用訓練を試行錯誤的に繰り返しながら，実践しておりました．その間も，折々にイースト-ウエスト・センターでのスミス氏担当のプログラムに参加していましたので，スミス氏の提唱する「国際語としての英語」（以下 EIL）／「世界諸英語」（以下 WE）を日本人学生たちにいかに実現させるのかを考えていたように思います．

EIL/WE は，結局，日本人が英語を使えるようにならなければ実現できませんので，英語を使える英語科教員の養成を目指していました．当時は，日本の中では実現不可能に近い目標であったと思います．英語科学生は少人数ですが，未来の英語科教員である彼らを，1 人 1 人，英語を使える教員に育てておけば，これからの国際化社会に生きる日本の多くの中学生・高校生たちのために役に立つことができると考えて取り組んでいました．

EIL/WE が視野に入ってきている現在，英語科で実践していた英語運用訓練は，EIL/WE の一つとしての「日本人の英語」[3] の実現に向けた訓練の場を提供していたことになるように思います．言い換えると，日本人教師である筆者が教室で英語（「日本人の英語」）を使って学習者たちに英

[3] EIL/WE の一つとしての「日本人の英語」については，5.4. 節を参照のこと．

語を使う練習をさせていたことは，筆者自身が「日本人の英語」の「役割モデル」を示しながら，彼らが「日本人の英語」を実現できるようになるための手伝いをしていたことになります．

その後の成果について

ここで紹介した英語運用訓練の他に，熱心な外国人教師による「リーディング」と「ライティング」の訓練が体系的に行われ，英語科の専攻生たちは，4年次に英文による卒業論文を書き終えて，自信を持って卒業していきました．以下，参考までに，彼らが中学校・高等学校現場で英語を使える英語科教員として取り組んだ授業実践の成果をまとめた3著書を紹介します．

(1)　大坪喜子編著（1990）『使える英語を教えよう—英語科教員養成の実践記録 1972–89』（長崎大学英語教育研究会）（川原書店）

(2)　大坪喜子編著（1999）『小学校で英語を教えよう—英語科教員養成の理論と実践』（長崎大学英語教育研究会）（創英社／三省堂書店）

(3)　Yoshiko Otsubo & Giles Parker (eds.) *DEVELOPMENT OF A TEACHER TRAINING PROGRAM AT THE DEPARTMENT OF ENGLISH, NAGASAKI UNIVERSITY* (2004)（創英社／三省堂書店）

これらは，筆者が，ハワイのイースト-ウエスト・センターでの ESOL 教員養成担当者プログラム（1975.9.1 ～ 1976.3.31）に参加できたことをきっかけに，その後も，スミス氏担当のプログラム，例えば，“English as an International Language”，“Internationalization Forum” 等に参加する機会を与えられ，折々に，国際化社会における英語教育のいろいろな情報を得ることができたことによる成果であると思っています．言い換えれば，ハワイのイースト-ウエスト・センターと長崎大学での英語科教員養成現場を往復しながら学部学生・大学院生たちと英語科教育の実践研究に取り組んでいたことを表すものであると考えています．

第Ⅱ部

EIL（国際語としての英語）/ WE（世界諸英語）

第4章

EIL（国際語としての英語）/ WE（世界諸英語）

本章では，1977年頃からイースト-ウエスト・センターで議論がはじめられていたEIAL（国際補助語としての英語）の概念に触れ，ついでEIL（国際語としての英語）及びWE（世界諸英語）について考えます．

4.1. EIAL（国際補助語としての英語）

私たちのESOL教員養成担当者プログラムが1976年3月に終了した後, Smith (1976) "English as an International and Auxiliary Language" (EIAL), (*LELC*, Vol. 7, No. 2) が発表されました．実際に筆者がこの論文を読む機会があったのは，1977年7月・8月のアメリカ言語学会夏期講座においてでした．

EIALという概念は，ESOLが英語母語話者と非母語話者の英語を区別していたのに対し，英語母語話者と非母語話者の英語が対等の立場になることを示唆するものでした．すなわち，ENL, ESL, EFLが，それぞれ,「母語としての英語」,「第二言語としての英語」そして「外国語としての英語」というように，その用いられ方が異なるにもかかわらず，対等の立場になることを示唆するものでした．

1977年7月・8月に，アメリカ言語学会夏期講座が，ハワイ大学とイースト-ウエスト・センター共催で開催され，ハワイ大学大学院の単位として，スミス氏他による同名の講義が開講されました．イースト-ウエスト・センターの同窓生として，筆者はその夏期講座に招待されていましたので，そのコースの単位を取るために受講登録を済ませて，アメリカの大学の授業の進め方に従って中間報告のプレゼンテーションを経験し，ペーパーをまとめました．[1]

EIALについて説明を加えると，なぜ「国際語」（“International Language”）ではなく，「国際補助語」（“International Auxiliary Language”）として，「補助語」（“Auxiliary Language”）という概念を加えたのかが問題ですが，その理由は，フィリピンやインドのようなESLの国では，国内で多くの言語が使われており，お互いにコミュニケーションがとれないために，母語の他に英語を「補助語」として，または，共通語として使っているという事情を表現するためです．日本のように英語が日常的に使われていないEFLの国とは区別されており，この違いを表すためにも，スミス氏は，“Auxiliary Language”（補助語）という用語を用いて，EIALと表現したわけです．

EIALの最も重要な役割は，英語がコミュニケーションの手段として国際的に広く用いられるということを表すことは言うまでもありません．例えば，フィリピン人は，他の国々からの人々とコミュニケーションをとるために「フィリピン人の英語」を話すということ，同様に，日本人は，他

[1] Yoshiko Otsubo (1978), “English as an International Auxiliary Language: Theoretical Difference between EIAL and ESL/EFL/ESOL.”『長崎大学教育学部人文科学研究報告　第27号』(昭和53年3月)

の国々からの人々とコミュニケーションをとるために自分自身の「日本人の英語」を話すということを意味します．その場合，お互いの英語には癖があるので理解するのに努力を必要としますが，それでも，お互いに意志疎通ができるという考え方です．これが，EIAL の特徴です．EIAL は，すべての英語の異なる多様性を表すことができ，「アメリカ人の英語」，「インド人の英語」，「フィリピン人の英語」，「中国人の英語」，「韓国人の英語」，「日本人の英語」等々を表す用語であると考えることができます．

その後，EIAL は，多くの議論が重ねられて，EIL（国際語としての英語）[2] に変更されました．

4.2. EIL（国際語としての英語）

「国際語としての英語」という表現それ自体は，多くの人がすでに耳にしていると思われますが，ここで取り上げるスミス氏の EIL（国際語としての英語）については，日本ではまだあまり知られていない概念であると思われます．それは，ハワイのイースト-ウエスト・センターでは 1970 年代の終わり頃から 1980 年代半ば頃にかけて熱心に議論が重ねられていた概念であるということができます．筆者も，1984 年夏に 6 週間（7 月 3 日～ 8 月 10 日）の “English as an International Language” (EIL) というイースト-ウエスト・センターでのスミス氏担当のプログラムに参加し，多くの国々で英語教育に関わっている人々と意見交換をしながら，日本人の立場から EIL についていろいろ考える機会がありました．当時，筆者はまだ日本人の立場から EIL を「自分のことば」として捉えること

---

[2] Larry E. Smith, “From English as an International Auxiliary Language to World Englishes.” 大坪喜子編著『小学校で英語を教えよう―英語科教員養成の理論と実践』創英社／三省堂書店（1999: 12–18).（または，Smith, L. E. (2004: 72–80) 参照）

はできていなかったように思います．ESOL 教員養成担当者プログラムに参加した後，毎年入学してくる英語科学生たちを英語が使える英語科教員に育てることで精一杯の状況でした．イースト-ウエスト・センターでのスミス氏担当のプログラムでは，常に，日本の英語教育の現状からはなかなか追付いていけない遠い目標が示されていたように思います．

それではここで，まず，スミス氏の EIL の考え方を見ていきたいと思います．次の引用文は，スミス氏の EIL についての考え方を端的に表しています．

> 英語がもっとも頻繁に使われるようになったより重要な理由は，国際的な場面で，ノン・ネイティブスピーカーが他のノン・ネイティブスピーカーとよりしばしば英語を用いているということであります．英語は，われわれの国際語の中の一つであるというより，「われわれの国際語」であると言えます．…「国際語としての英語」は，「第二言語としての英語」，または，「外国語としての英語」とは同じではないのです．
>
> どの言語も国際語としての性格を持つようになると，だれの文化にも縛られることはできなくなります．タイ人は，アセアン会議でフィリピン人と英語でうまく話すために，アメリカ人のようにする必要はありませんし，日本人がマレイシア人と仕事で英語を使うために英国風生活スタイルを正しく理解する必要はありません．… これらの場面において，英語使用者は英語のネイティブスピーカーのようにする必要がないことは明白であります．英語は，… 話し手の文化の表現手段であり，大英帝国，合衆国，その他のいかなる英語を母語として使っている国の真似ではないのです．
>
> （Larry E. Smith（ed.), *Readings in English as International Language*（1983: 7–8）(Pergamon）から筆者訳）

スミス氏によれば，EILという場合，英語はどの国にも，だれの文化にも属するというのではなく，それぞれの人が自分の考えを，また，自分の文化を表すために英語を使えばよいということになります．言い換えれば，イギリスやアメリカなどの英語を母語とする国々の文化の模倣をするのではなく，自分の文化に従った表現をすればよいと述べています．このようなEILとENL/ESL/EFLとの関係を，よりわかりやすくするために図示するとすれば，次のようになります．すなわち，EILの下にENL/ESL/EFLが対等の立場で並ぶことになります．

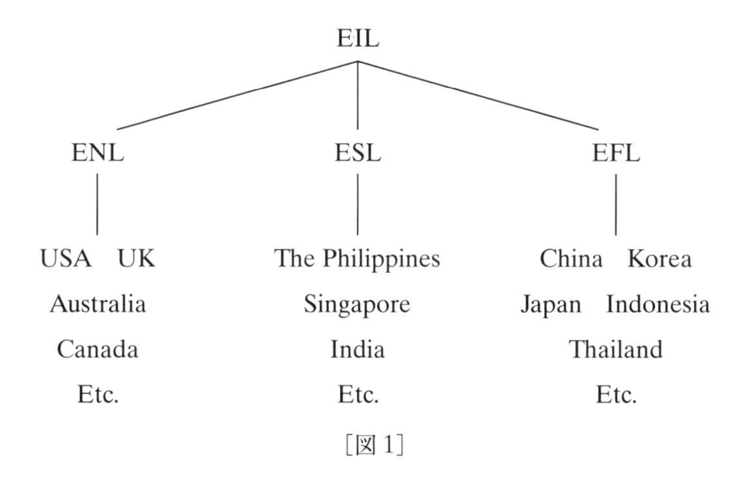

［図1］

［図1］は，EILという立場では，ENL/ESL/EFLは対等であることを表しています．言い換えれば，EILとは，「英語を母語とする人」・「第二言語として英語を使う人」・「外国語として英語を学習している人」が，必要に応じて，英語をコミュニケーションの手段として対等に使っていることを意味します．

理論的には，EILは，［図1］が示しているように，ENL/ESL/EFLを対等の立場にあると考えますが，現実的には，「母語話者の英語」，「第二言語として英語を使っている人の英語」，そして，「外国語であり，日常的に英語を使わない人の英語」とでは大きな相違があります．したがって，

EIL について，これまで議論がなされてきたことは，その多様性にどのように対処すればよいのかということについてでありました．そして，”mutual intelligibility”（相互理解），“grammatical acceptability”（文法的許容），“social appropriateness”（社会的妥当性），“tolerance for different pronunciation patterns”（異なる発音型への認容）（Smith 1983: 8–9）などが熱心に議論されていました．特に，ESL/EFL の場合，多かれ少なかれ，それぞれの母語の影響を受けた英語でコミュニケーションをすることになるため，お互いに相手の英語を理解する努力をしようというのが議論の主な趣旨であったということができます．議論に参加しながら，EFL の立場にいる筆者にとって最も印象的であったのは，EIL の場合，英語母語話者も非母語話者の英語を理解する努力をするのが当然であるという考え方が前面に出されていたことでした．それは，従来の ESOL の場合と大きく異なるところでした．さらに言い換えますと，従来は，英語母語話者の英語がその中心であったのですが，EIL の観点からは，英語母語話者も非母語話者も対等に英語でコミュニケーションをしていることに焦点が置かれていることになります．したがって，母語話者にも非母語話者の英語を理解する努力が求められることになります．

ただし，ここで，EFL の立場から，急いで付け加えておかなければならないことがあります．それは，EIL の観点から，英語でコミュニケーションをする場合，英語の母語話者と非母語話者が理論的に対等であるとはいえ，非母語話者であるわれわれは，母語話者の英語をモデルとして練習するのは当然のことであるということです．ここで指摘しておかなければならないことは，英語の母語話者の英語をモデルにして練習し，英語を自由に自分のことばとして使えるようになったとしても，母語の影響は免れないように思われるということです．インドやフィリピンなどの ESL の国の人々は，英語を「自分のことば」として自由に使っていますが，その場合，母語の影響がむしろ自然に出てくるように思われます．われわれは，彼らの英語を聞いて，インドの人の英語であるとか，フィリピンの人の英語であると判断できます．しかし，そのように母語の影響があるとはいえ，英語を「自分のことば」として自由に使える段階になってはじめて，「インド人の英語」，「フィリピン人の英語」であるというように言うことができるのではないかと思います．そして，そのような世界各地の英語を，イリノイ大学アーバナ・シャンペイン校の教授，カチュル（Braj B. Kachru）氏は “World Englishes”（以下 WE）と呼んでいます．そして，EIL の多様性を，WE の観点から，それぞれの英語の特徴として捉え，それぞれの英語の特徴とその文化を含めて記述するという方向へ研究が深められてきています．

ここで，WE の日本語訳について紹介しておきたいと思います．1990 年代の終わり頃のことであったと思いますが，イースト-ウエスト・センターでスミス氏の知り合いの方々が 10 名ほど集まって夕食会が開催されたことがありました．その中に，アポロ 11 号月面着陸の同時通訳者の西山千氏がおられました．その時に，“World Englishes” の日本語訳が話題になり，「世界各地の英語」などを挙げていましたが，西山氏が，少し考えて，「世界諸英語でしょうね.」と訳語を示され，その簡潔な表現に感銘を受けました．その後，氏の「世界諸英語」を訳語として使用しています．

4.3.　WE（世界諸英語）

Braj B. Kachru (1995) によれば，これまで述べてきた ENL/ESL/EFL の関係は，“Three Concentric Circles of English” として次のように示されています．

The Expanding Circles, e.g.

China Caribbean Countries Egypt Indonesia
Israel Japan Korea Nepal
Saudi Arabia South Africa South America
Taiwan CIS Zimbabwe

The Outer Circle

Bangladesh Ghana India
Kenya Malaysia Nigeria
Pakistan Philippines Singapore
Suri Lanka Tanzania Zambia

The Inner Circle

USA UK Canada
Australia New Zealand

［図 2］

すなわち，“The Inner Circle” は ENL の国，“Outer Circle” は ESL の国，そして，“The Expanding Circle” は EFL の国をそれぞれ指しています．このように大きく三つにまとめられている国々でそれぞれ用いられている英語をカチュル氏は WE（世界諸英語）という概念で捉えています．

ここで，カチュル氏の WE の概念を紹介します．

> “World Englishes” という概念には，「伝達手段としての英語」(English as a medium) と「複数文化のレパートリとしての英語」(English as a repertoire of cultural pluralism) という二面性があることを認識すべきであります．前者は，言語形式を，後者は，その機能・内容を指しています．われわれが国際的な英語社会の構成員として共有しているのは，「伝達手段としての英語」であります．そし

て，その伝達手段それ自体，伝えるメッセージに関していかなる制限も行いません．

われわれが，英語をグローバルな伝達手段（a global medium）であるというとき，いろいろな文化間の違いを超えて，英語を用いる人々は，コミュニケーションのために一つの共有されたコードを持つことを意味します．この共有された能力，すなわち，英語を用いることができるということの結果として，いろいろな国の人々が英語を用いるために，いろいろな注意すべき相違点も出てきますが，われわれはお互いにコミュニケーションができると信じています．—1人の英語使用者が他の英語使用者と，例えば，ナイジェリア人がインド人と，日本人がドイツ人と，シンガポール人がアメリカ人と，というようにわれわれは，一つの言語（英語）を使って，多くの国の人々と会話ができるのは，このような広い意味における会話（interlocution）においてであります．

（Braj B. Kachru, Speaking Tree: A Medium of Plural Cannons. In M. L. Tikoo（ed.）*Language, Literature and Culture*（1995: 1-2）（Singapore: *RELC*）から筆者訳）

ここで述べられている WE という概念は，EIL として用いられている英語をより具体的に捉えようとしていると考えることができるように思われます．まず，WE とは，世界の各地で用いられている英語ということであり，その英語には，「伝達手段としての英語」と「文化的多様性を担うものとしての英語」という二面性があることを認識しておくべきであると述べています．言い換えれば，WE は，いろいろな文化の慣習に合うように用いられうる伝達手段としての英語であるということができます．われわれが国際的な英語社会の構成員として共有しているのは，「伝達手段としての英語」であるということ，そして，その伝達手段そのものである英語は，伝えるメッセージに関していかなる制限もしないということであります．これは，スミス氏が，“When any language becomes international in character, it cannot be bound to any one culture.”（Smith, 1983: 7）（どの言語も，国際語としての性格をもつようになると，それはだれの文化にも縛られることはできなくなります．）と述べていることと同じことを意味していると言ってよいと思います．

さらに，われわれが英語をグローバルな伝達手段であるというとき，いろいろな文化間の違いを超えて，英語を用いる人々は，コミュニケーションのために一つの共有されたコード（すなわち，英語）を持つことを意味するとカチュル氏は述べています．この共有された能力，すなわち，英語を用いることができるということの結果として，いろいろな国の人々が英語を用いるために，いろいろな注意すべき相違点も出てきますが，それでもわれわれは，お互いにコミュニケーションができると信じているということができます．言い換えれば，われわれが，一つの言語（英語）を使って，多くの国の人々と会話ができるのは，このような広い意味における会話においてであるとカチュル氏は述べています．

以上，EIL 及び WE の概念を，スミス氏とカチュル氏の考え方にしたがって紹介してきました．両氏は，すでに，1981 年から Braj B. Kachru & Larry E. Smith (eds.), *World Englishes: Journal of English as an International and Intranational Language*（Blackwell, Oxford UK and Boston USA）を編集発行しており，2016 年 12 月現在，第 35 巻第 4 号が発行されています（2008年からWiley-Blackwell社の発行となっている）．

すでに明らかであるように，EIL と WE の概念は，同じ概念を表しているため，現在は，WE（World Englishes）に統一されています．スミス氏の EIL という概念は，カチュル氏の WE という概念と共に，世界各地のそれぞれの英語に焦点を当てるという方向へ発展させてきていると考えることができます．その主旨は，英語はいろいろな国の人々によってコミュニケーションの手段として使われているということ，そして，いろいろな国の人々が英語を共通のコミュニケーションの手段として用いるとき，それぞれの使う英語はそれぞれの言語や文化の影響を受けるため，お互いに理解し合う努力をしなければならないということです．

以上，スミス氏のEILとカチュル氏のWEについて紹介してきましたが，これらが同じ概念を表していることを述べてきました．

4.4. IAWE（世界諸英語のための国際学会）

2014年12月には，IAWE（The International Association for World Englishes）の第20回国際大会がインドで開催されました．この大会は，それぞれの英語及び文化を理解するための情報を提供しあう研究発表の場であります．

これまでのIAWEにおける研究発表の動向から，もっとも積極的に発表が行われているのは，やはり，ESLの英語教育に携わっている人々，及び，ESL国出身の人々の立場からのものであったように思います．例えば，インド人の英語，フィリピン人の英語，シンガポール人の英語，マレイシア人の英語，ケニア（アフリカ）人の英語等，それぞれの英語を使っている人々の英語，及び，その英語の使い方の特徴を紹介し，それらを他の人々が理解できるように情報を提供しています．これらの発表が，国際社会において英語によるコミュニケーションをスムーズに行うための助けとなるのは明らかであると思います．

筆者は，これまで，「日本人の英語」(Japanese English）については，日常的に英語を使わないEFL国の日本人の立場から紹介することには控えめになっていましたが，最近では，「日本人の英語」についても，日野信行氏（大阪大学大学院言語文化研究科教授）によりIAWEの大会等の国際学会で積極的に研究発表がなされていることを付け加えておきます．

なお，2015年8月22日に開催された第41回全国英語教育学会熊本研究大会において，日野氏により非母語話者の立場から『非母語話者モデルの「国際英語」教育の理念と授業実践』と題する特別講演がなされたことも付記しておきます．（5.4. 節を参照）

これまでに，IAWE の国際大会は，日本でも3回ほど開催されています．第2回，第6回，そして，第12回の3回です．詳しく紹介すると，第2回（1996）が名古屋国際センターで，第6回（1999）がつくば国際会議センターで，そして，第12回（2006）が名古屋の中京大学で開催されています．名古屋国際センターで開催された第2回国際大会の折には，筆者は基調講演（70分）の機会をいただき，“Cross-Cultural Communication: The Interpersonal Rhetoric of Japanese People”と題して，「日本人の閉鎖性」を取り上げました．日本に留学中のアジアからの留学生たちに日本人学生たちの困った行動について，例えば，早稲田大学，九州大学，大阪大学，京都教育大学，長崎大学などに在籍するアジアからの留学生たちにインタビューを行い，その集めた資料（録音テープを文字化した資料を作成）[3] を文化人類学の立場から分析したものでした．[4] さらに，つくば国際会議センターでの第6回（1999）では，筆者は，日本での事務局を担当し，長崎大学大学院教育学研究科の大学院生たちにすでに実践していた小学校英語教育の実践研究を発表させることができました．英語運用能力のある日本人学生たちによる英語教育のワークショップでした．名古屋の中京大学での第12回大会（2006）では，日野信行氏が大阪大学で

[3] 大坪喜子編著．特定研究「異文化間のコミュニケーションに関する研究」（昭和60–61年度学長裁量経費）昭和62年3月，長崎大学教育学部発行．

[4] 大坪喜子著．異文化間のコミュニケーションに関する研究: 報告書II—アジアからの留学生が日本の中で見た日本人の閉鎖性—『長崎大学教育学部人文科学研究報告第40号』（1990年）．

の実践報告を行いました.

EIL/WEは, 日常的に英語を使わない日本の英語教育の現実とはかけ離れている感じで, 筆者自身は, 身近なものとして理解するのがなかなか困難でしたが, 1977年から1999年までのEIAL/EIL/WEの議論について筆者なりに理解したことを1999年に紀要論文[5]としてまとめてみました. 当時は, まだ, 一般論として, EIL/WEの一つとして「日本人の英語」(Japanese English) を考えることはできていませんでしたが,「英語を使える英語科教員」の養成は実現できていたということができます.

4.5. EIL（国際語としての英語）/ WE（世界諸英語）——日本の英語教育へ意味するもの——[6]

最後に, このようなEIL/WEの考え方が, 日本の英語(科)教育の現状にどのように関わることになるのかを考えてみることにします. これまでのところ, 英語をコミュニケーションの手段として使えるように指導することができていないという点では,「日本人の英語」をまだ示すことができているとは言えない状況です. すでに明らかであるように, EILもWEも, 国際社会の中でわれわれがお互いに英語をコミュニケーションの手段として用いるということを前提としています. したがって, 第一に, 日本の英語教育には,「日本人の英語」を実現させることのできる英語の指導を行うことが要求されているということを指摘したいと思います. 2015年現在, 日本の英語教育行政において, 教室内で日本人教師も

---

[5] 大坪喜子著「World Englishes: その概念と日本の英語教育へ意味するもの」『長崎大学教育学部教科教育学 No. 33』(1999)（『教育学論説資料』第20号（2000年分）に掲載, 論説資料保存会（東京））.

[6] 注5と同じ.

英語を使うことが求められるようになったのは大きな変化であると思います．

第二に，EIL/WE が世界各地のそれぞれの英語には特徴があるということを暗示していることで，例えば，日本人の英語には日本人特有の癖があること，また，中国人の英語には，中国人特有の癖があるということを，当然のこととして，われわれは容認しなければならないということを指摘したいと思います．そして，それぞれの英語には特徴があるということを認めることは，次の二つの利点につながるように思われます．一つは，日本人特有の癖があることを認めることによって，日本人英語教師は，これまでより教室で英語をコミュニケーションの手段として使うことに対しての抵抗感が少なくなり，より自由な気持ちで，または，積極的に，英語コミュニケーションの授業に対応できるようになることが期待されます．言い換えれば，英語の非母語話者の日本人英語教師にとって，生徒との英語による「やりとり」を通して英語運用訓練をする場合の精神的負担が軽くなるということになります．

もう一つは，他の国の人々の英語の癖に対しても許容力が出てくるということです．ここでは，中国からの留学生，G さん（当時，長崎大学大学院生）の 1・2 年生の時の英語の授業での経験をもとに，一つの例を紹介します．日本人の多くは，英語をコミュニケーションの手段として使うことはできないけれども，日本語の中に英語の単語を自由に取り入れて用いています．そして，その日本人の英語の発音の特徴として，「子音＋母音」の音型が英語の発音にも表れてきます．例えば，“Christmas tree” [krísmas tri:] は，「クリスマスツリー」[kurisumasu tsuri:] となり，“station” [stéiʃən] は，「ステーション」[sute:ʃon] となります．G さんによると，大学 1・2 年生の時の「英語コミュニケーション」の時間に，同級生と英語運用訓練をするとき，日本人学生が G さんの中国語の影響を受けた英語発音を聞き取れず，いつも文字で示すことになってしまい，文字で確認できた後に，日本人学生が発する英語の発音は，日本語の影響を受けた英語発音（例えば，“apple” [ǽpl] は，[apulu] という発音）になっていたというのです．通常，日本の学校では，日本人だけの英語のクラスであり，日本人の発する英語の発音は，みな同じように日本語の発音・イントネーションの影響を受けるため，お互いに気にならないわけです．しかし，中国語を母語とするGさんが発する英語の発音は，当然みなと同じではありません．この場合，お互いに相手が変な発音をすると受け取っていたことになります．

WEの観点からこの状況を考えてみます．この場合，「中国人の英語」と「日本人の英語」の発音面の特徴を知っていれば，お互いに，相手の英語を理解する努力をすることが期待できます．事実，Gさんは，その後，大学院研究科へ提出したレポート (平成10 (1998) 年度後期) で，KAWAI社の音声分析器を用いて，「日本人の英語」と「中国人の英語」を分析しており，それぞれの英語が母語の影響を受けているという明白な特徴を示し，客観的に，Gさん自身の英語も母語の影響を受けた「中国人の英語」であることを受け入れることができるようになったことを付け加えておきます．

英語を国際語として使う場合，WEの観点からの情報を得ることが有意義であることは明らかであると思います．英語をコミュニケーションの手段として多くの国々の人々と共有するために，それぞれが，自分自身の英語及び文化の特徴を知っておく必要があるということはすでに自明のことであると思います．WEの観点からは，もしわれわれが「日本人の英語」を実現できれば，音声面だけではなく，会話の進め方，会話の中の沈黙の意味等の特徴をも含めて，談話構造や語用論（Pragmatics）の領域などからの有意義な情報を提供することが可能となります．

〈追記〉

最後に，最近の状況にふれますと，2013年にスミス氏の長崎大学での講演（5.2. 節を参照），及び，『第41回全国英語教育学会熊本研究大会』

(2015 年 8 月 22 日）での日野信行氏（大阪大学大学院言語文化研究科教授）の「特別講演」(5.4. 節を参照）を聴くことができました．いずれも，日本人の英語教員・英語学習者を対象にした講演でしたが，最近の日本の英語教育行政の変化に伴い，EIL/WE の考え方が日本の英語教育のこれからの発展に貢献できる状況になってきていることを改めて認識しています．

第5章

EIL（国際語としての英語）/ WE（世界諸英語）: スミス氏からの提言

本章では，まず，EIL/WE について，スミス氏が日本人の英語教員や英語学習者に向けて，雑誌 *CAT*[1] で語られたこと（5.1. 節），及び，長崎大学での講演会で述べられたこと（5.2. 節）を中心に，スミス氏からの提言として紹介します．ついで，イースト-ウエスト・センター，及び，ハワイ大学大学院でスミス氏に EIL についての考え方を学んだ日野信行氏（大阪大学大学院言語文化研究科教授）が『第 41 回全国英語教育学会熊本研究大会』での「特別講演」[2] で述べられた国際英語の一つとしての「日本人の英語」（5.4. 節）について紹介します．

1　*CAT* は雑誌名: *CROSS AND TALK for communication between you and the world* の略称．平成 11 年 12 月 1 日発行（第 17 巻第 15 号通巻 217 号）「特別企画　世界に通じる英語を日本人らしく話そう」（アルク）を参照．

2　2015 年 8 月 22 日・23 日に開催された『第 41 回全国英語教育学会熊本研究大会発表予稿集』pp. 88–91 を参照．

5.1.「国や文化の数だけ英語は存在する」とは

筆者は，スミス氏が日本人学習者へ向けて語られた*1999 December/CAT*の特別企画「世界に通じる英語を日本人らしく話そう」に目を通していましたが，当時は，EIL/WE について，知識としては理解できていたと思いますが，スミス氏の意図がはっきりと読み取れていなかったように思います．最近，改めて読んでみますと，氏は，日本人の英語学習者がEIL/WE を身近なものとして理解するよう，一生懸命に，話しかけておられたことに気づきました．ここでは，その中の注目したいポイントについて紹介します．

まずスミス氏が指摘した「国や文化の数だけ英語は存在する」という考え方は，一見，分かりにくいように思いますが，EIL/WE の視点からは，伝達手段としての英語は共通であるが，それぞれの英語はそれぞれの文化の影響を受けており，お互いに理解する努力が必要であることを意味しています．言い換えると，「英語」そのものが別々に存在するということではなく，それは，「教養ある英語」（educated English）として共通であるが，それぞれの文化が異なるために，英語としては，正しい英語の表現を使っていても，誤解されることが度々あるということを意味していると思います．英語を使う時，自分の文化にしたがってのみ考えていると通じないことが多く，したがって，「国と文化の数だけ英語は存在する」と捉えていた方がよいという意味であると思います．

スミス氏の例では，日本人とアメリカ人の話の進め方や年齢の概念などによる誤解の例が紹介されています．例えば，スミス氏自身が日本人のビジネスマンに話をしているとき，聞き手の日本人が，“Yes”，“Yes”とうなずいて聞いているので，話がうまく了解されていると思っていたら，最後に確認すると，そうではなかったというのです．日本人の話の中での相づち“Yes”，“Yes”は，「聞いていますよ」という意味であったことに気づいたと述べています．筆者自身は，このような使い方をしていることを，日本人として意識していませんが，アメリカ人のスミス氏は日・米の異文化衝突の例として指摘しています．

さらに，「日本人は日本人らしい英語を話せばいい」と言うと，英語の学習はそこそこでいいと誤解されてしまうかもしれませんが，実際は，その逆で，相手に正しく意図を伝えられる英語力を身に付けたうえで，さらに，相手の国や文化に特有の英語の使い方を学ばなければならないとスミス氏は指摘しています．

例を挙げると，年齢に関するものですが，アメリカでのある会で，日本人の男性が，アメリカ人の女性（大学教授）に「あなたは何歳ですか.」と尋ねると，“It’s none of your damn business!”とやり返されたと述べています．その日本人男性は，明らかにその女性よりも年配であったとのことですが，彼は，「あなたはそんなに若いのに，あんな立派な大学の教授をしておられるとは素晴らしいですね.」と言うつもりであったとスミス氏は述べています．この例は，明らかに，英語の問題ではなく，文化・習慣の違いによるものですが，EIL/WE の実際の世界ではこのような問題にしばしば出会うことになります．

日本人は，アメリカ文化については，かなり学習していると思われますが，それでも，このような誤解からコミュニケーションがうまくいかない場合が生じます．したがって，その他の多くの非母語話者の人々と英語でコミュニケーションをとるとすれば，それぞれの文化が異なるので，誤解が度々発生するのは当たり前であると思われます．われわれは，誤解が生じていることを発見し，それを修正することができなければなりません．このために，スミス氏は，「国と文化の数だけ英語は存在する」と注意を喚起しているのだと思います．いろいろな国々の非母語話者の人々と英語で話をするときは，異なる英語を話しているという考え方に立って，対応するとよいということを述べていると考えることができます．多様な英語との出会いは，文化を異にする人々との英語によるやりとりで体験するもので，これからの社会では，当たり前のことになってくると思われます．スミス氏は，このような世界が，われわれの前にすぐに現われることを教えていたように思います．

スミス氏やカチュル氏の提唱するEIL/WEという考え方は，まさに，このような多様な英語が使われる世界をイメージしたものであることを改めて認識できますし，すでに，現実に体験している人たちがいることも知っておく必要があります．

次に，「ネイティブスピーカーは手本であっても目標ではない」という考え方を示していますが，この考え方については，スミス氏は，ノン・ネイティブスピーカー（英語非母語話者）が英語を学習する際，ネイティブスピーカーの英語を「到達目標」にするのは非現実的だと思う，ということを述べ，自分らしい英語を話すこと，日本人として自分を表現できるようになるべきであると述べています．われわれは「ネイティブスピーカー」を手本にして，意識して発音・イントネーションなどを真似て練習します．しかし，意識している間はよいのですが，自然に母語の癖が出てくることにも気づいています．それに，習慣・慣習などの「文化」が加わると，意識下になっていることなのでさらに難しいことになります．英語を学習するために，気に入っている「ネイティブスピーカー」の発音などを「手本」にすることは必要ですが，「到達目標」にするのは難しいことですし，また，その必要はないと思います．特に，EIL/WEは，それぞれの英語を認めようとする立場ですから，スミス氏は，むしろ，日本人もきちんとした英語を話しながら，日本人であり続けることは可能なはずであると述べ，日本人には，「教養ある英語」（educated English）の一つとして，「日本人の英語」を話してもらいたいと述べています．

日本人が日本人らしい英語を話すということは，日本の文化にしたがって英語で他の国の人々とコミュニケーションができることを意味します．このようなスミス氏の指摘は，EIL/WE の一つとしての「日本人の英語」が実現できることを期待しているように思われます．

5.2. 長崎大学でのスミス氏の講演要旨（2013年6月23日）

長崎大学で開催されたスミス氏の講演は次のタイトルの下で行われました．

"Philosophy and Practices of World Englishes for Building Global Leadership Using Englishes as an International Language in Hawaii: The Case of Global Cultural Exchange Program"

IAWE 専務理事

Larry E. Smith

現在，英語の母語話者は世界人口の7～8%に過ぎず，その数は減少傾向にある．一方，英語を "comfortably"（英語が母語ではないが，英語で問題なくコミュニケーションを行うことができるレベル）な状態で話すことができる人の割合は世界人口の約25%である．その分布は地理的に広範囲にわたり，その数も年々増加傾向にある．（なお，スミス氏は，"fluently" については，英語が母語でない人が，自然な英語を使用し，英語と母語の使用が自動的（automatically）に切り替えることができるレベルと定義している．）

国別にみると，英語を "comfortably" に話すことができる人の数が最も多い国はインドであり，その数は，アメリカの英語母語話者の数を上回る．また，英語を "comfortably" に話すことができる人の割合が最も高い国はシンガポールであり，シンガポール政府の発表によれば，国民の92%がバイリンガルであるという．また，英語学習者が最も多い国は中国で，約2億5千万人が英語を学んでおり，国民の英語習熟度（proficiency）は著しく向上している．以上のことから，アジアにおける英語学習者数，および，英語習熟度は，近年，劇的に上昇していると言える．

このような状況を踏まえると，“English”は“（World）Englishes”であると言える．というのも，言語は，使用者の文化と密接な関係があり，使用者の母語での発話様式（speech convention），コミュニケーション様式（convention of communication）に大きく影響されるからである．そのため，英語教師は学習者にスタンダードな英語というものはなく，英語は多様性（varieties）を持つ言語であるということを認識させることが大切である．

しかし，英語が規則性のない言語であるというわけではない．教養のある英語（educated English）には文化的背景に関わらず，統語論（syntax），文法（grammar），音韻論（phonology）において普遍的規則がある．一方で，文の構成の仕方，議論の組み立て方などは，英語使用者の母語の文化に影響される可能性が高い．

さらに，現代のような情報化・国際化社会においては，上記のような知識だけでなく，自分で情報を収集し，その情報を客観的，多角的に分析し，その結果を基に自分の意見を形成する力を学習者に習得させる必要がある．先に述べたように，言語と文化には密接な関連がある．そのため，英語で発信された情報には，その発信者の文化，価値観が反映されている．例えば，同じ事件が英語で報道されていたとしても，CNNの報道内容とアルジャジーラの報道内容が大きく異なる場合もある．余談ではあるが，国際語としての英語は民族間の意思疎通を可能にし，国際平和に貢献するものであるという考え方があるが，情報や相手の主張を「理解」しただけでは不十分であると私は考える．平和的な人間関係，国際関係の構築には，情報や意見を共有する（share）ことによって，信頼関係を築くことこそ重要である．そのためにも，英語という同一の言語で伝えられた内容が常に同じ価値観を共有しているものではないということを認識し，発信者の文化的背景を考慮しながら，情報を活用し，発信する能力を学習者に習得させることが，これからの英語教育では重要になってくると思われる．

最後に，ハワイでの“Global Cultural Exchange Program”(GCEP) の概要を紹介したい．この3週間のプログラムでは，教室内外で生きた“World Englishes”を学ぶ次のような機会を提供している．

1. **インタビュー（Interview）**
   地元の人50人に20問（Do you live here? / Were you born here? など）のインタビューを行う．
2. **文化的観察（Cultural Observation）**
   自分の文化を再確認するために，文化人類学的質問（Why do you do it? / What do you do? など）に対する答えを毎日メール（もしくは電話）で回答する．
3. **研究課題（Research Project）**
   アメリカやハワイの文化を学ぶために，文化人類学的課題(What is Hawaiian music? など）に取り組む．
4. **職業体験（Work Project）**
   1週間に20時間程度，非営利団体等で職業体験を行う．

3週間という短時間で英語力の著しい向上を図ることは難しいが，このプログラムの参加者は皆，英語でコミュニケーションをとることができるようになったという大きな自信を得ている．言語と文化を融合させ，英語使用の機会を学習者に多く与えることが，このプログラムの目的であり，それこそが外国語教育で最も重要な要素であると考えている．

（この講演要旨の作成は，長崎大学英語科同窓会（長英会）副会長の大下晴美氏（大分大学准教授）によるものです.）

以上のスミス氏の講演のポイントを纏めると次のようになります.

(1) 英語の母語話者の数は，世界人口での割合では 7 ～ 8% に過ぎないこと，そして，英語の非母語話者で英語を “Comfortably” に使うことのできる人の世界人口での割合が 25% となっており，その数は，まだ増加していること，したがって，

(2) これからの英語教育では，英語の母語話者とよりは，いろいろな国の英語非母語話者との間で英語によるコミュニケーションを行うことが多くなることを予想して，これまで通りの英語の母語話者のモデルを中心とした英語学習から非母語話者の英語を視野に入れた学習の重要性を理解すべきだということ，そして，

(3) 言語と文化には密接な関連があるので，英語で発信させた情報には，その発信者の文化，価値観が反映されているということ，そのため，英語という同一の言語で伝えられた内容が常に同じ価値観を共有しているものではないということを認識し，発信者の文化的背景を考慮しながら，情報を活用し，発信する能力を学習者に習得させることが，これからの英語教育では重要になってくると思われる.

スミス氏は，英語の母語話者の立場から，日本人は，英語の母語話者の英語のみを取り上げて教えていますが，現実的には，英語の母語話者の数よりも英語の非母語話者で英語を十分に使える人々の数の方が多く，特に，アジア諸国で英語を “comfortably” に使うことのできる人々の数が増加していますので，今後，彼らとの英語によるコミュニケーションが多くなるはずであると指摘しています．したがって，このような現実を踏まえて，非母語話者の英語についても教えておく必要があるということを指

摘しています．そして，最後に，多様な英語でのコミュニケーションであるので，価値観の異なる人々との英語によるコミュニケーションであることを認識しておくべきであると指摘しています．

講演の最後に，スミス氏はハワイで実践しているEIL/WEを視野に入れた日本人学生のためのGCEP（Global Cultural Exchange Program）を紹介しています．

5.3. ハワイでのスミス氏担当のGCEP（2014年3月）に参加した学生たちのコメント

ここで，2014年3月のGCEPに参加した9名の大分大学医学部学生たちの報告を紹介します．当時1年生であった学生たちは現在4年生になっており，この報告は，9名で相談してまとめたものです．

ハワイでのGCEPに参加して

参加学生一同

GCEPは，私たちが医学部生ということで，私たちに合わせてセッティングされたプログラムでもありました．ハワイ大学医学部院生や医学部生たちが講義を受ける場所や施設を見学しましたし，また，現地の医師と直接お話しできる機会も設けてもらい，ハワイと日本の医療制度の違いについて学ぶことができました．

「研究課題（Research Project）」では，与えられた医学に関するテーマについて3人グループで発表を行いました．あるグループには，“definition of the death”がテーマとして与えられました．各グループで調査方法も自由でしたが，私たちは**「50人インタビュー」**の経験を活かし，同じようにインタビューをして人々の死の定義について探ることにしました．脳死，心停止などといった選択肢を作っていたため，質問をし，単純な答えを得ること自体は簡単でした．しかし，「50 人インタービュー」とは違い，質問の意味を問われることが多く，うまく説明できずに歯がゆい思いをしたこと，日本人と外国人の文化の壁を感じたことを覚えています．しかし，このプロジェクトの発表により，抵抗なく人々に話しかけることができるようになったという自分自身の成長を実感する一方で，新たな課題も見つけることができました．発表を通して，自ら気づくという学習方法を習得するということも，このプロジェクトの狙いだったのかもしれません．

「文化的観察（Cultural Observation）」としてのフィールドワークを通しては，実際に外で英語を使うことと同時に，より深みのある“観光”をすることができました．観光名所の成り立ちやその詳細について，課題を通して知ることができました．その一つ一つが学びであり，それが，観光の本当の楽しさであることを感じました．また，観光名所だけでなく，ハワイで暮らす人々の生活や文化に着目するような課題もあり，新たな視点でその地域，国の文化を知ることができました．このプログラムを通して，今後，自分が世界を旅行したときにその文化を知ろうとする姿勢，その方法を学ぶことができたように思います．

「50 人インタビュー（Interview）」は，英会話に対して苦手意識があった私たちにとってはとても有意義な訓練になりました．慣れないうちはとても苦労しましたが，どうすればよいのか考え，回数を重ねていくうちに現地の人と話す度胸もついていき，最後のほうではとても楽しくインタビューすることができるようになっていました．たくさんの人と会話をし，英語に対する自信をつけていった日々の体験は今でも宝物です．少ない日数ではありましたが，このインタビューによって密度の濃い語学研修となりました．また，見知らぬ人に話しかけ，インタビューをし，さらに写真も撮って，サインまでもらうというとても斬新なプログラムは，ハワイだったからこそできたものだと思っています．自分が知らない他人にいきなり話しかけるということは日本人にとってはめったにないことですし，加えて，話しかけられた方もあまりいい顔をしないからです．（何かの勧誘と思われますからね．）しかし，ハワイの素敵な風土がそうさせるのでしょうか？地元の人に限らず，バカンスに訪れた観光客までもが私たちの拙い質問に親切に答えてくれ，快く一緒に写真を撮ってくれました．私たちの英語が通じたという喜びとともに，自分たちと異なった文化の人と会話し，その文化の片鱗に触れる楽しさを実感することができたと思っています．

これらの素晴らしい経験は，もしスミス先生のプログラムに参加しなかったら成し得なかったことです，そう思うと，先生への感謝の言葉は筆舌に尽くしがたいです．先生の素晴らしいプログラムと温かいご指導に心から感謝の念を表します．　　　　（2016年6月28日）

ここで，大分大学医学部学生たちの英語指導担当者，大下晴美氏（大分大学准教授）からのコメントを紹介します．まず，研修を通して，学生たちは多くのことを学んできているということです．控えめだった学生が，その後の授業で堂々とプレゼンテーションができるようになったこと，そして，人間的にも大きく成長したことを感じているということ，特に，ハワイでスミス氏に「有事の時には医師はリーダーにならなくてはならない」と教えられたことをしっかり心に留め，勉学だけではなく，震災地支援のボランティアなど様々な活動に積極的に取り組んでいるとのことです．また，GCEPに参加したことが自信となり，参加者の多くが国際医学生連盟（IFMSA：International Federation of Medical Students' Association）のプログラムや研究室配属などを通して，これから短期臨床交換留学を行う予定であるとのことです．

5.4.　国際英語：その一つとしての「日本人の英語」
―日野信行氏の特別講演より―[3]

EIL/WE と呼ばれるのは，多くの国々の人々が，母語の影響を受けたそれぞれの英語を話して，コミュニケーションをとっていることを表す概念であり，われわれも，「日本人の英語」を，もっと気楽に実現させる時期にきているように思います．スミス氏のこれらの考え方は，「世界は，このように変化していますよ．日本人も，目を外に向けて，「日本人の英語」を自由に使いなさい」と提言しているようにさえ思われるようになりました．

本節では，1980 年代はじめに，ハワイのイースト-ウエスト・センター及びハワイ大学大学院でスミス氏から直接 EIL についての考え方を学び，その後，長年，日本の大学で実践をしてきた日野信行氏（大阪大学大学院言語文化研究科教授）の国際英語（または，国際語としての英語）の一つとしての「日本人の英語」の概念を紹介します．氏は，現在，IAWE などの国際学会や海外での講演などで日本人の立場から活発に「日本人の英語」の特徴などを発信しています．

第 41 回全国英語教育学会熊本研究大会の特別講演（2015 年 8 月 22 日）において，日野信行氏による「非母語話者モデルの「国際英語」教育の理念と授業実践」というテーマの「日本人の英語」に焦点を当てた講演を聴くことができました．筆者は，はじめて EIL/WE について日本人研究者の立場からの考え方，特に，「日本人の英語」についての考え方を聴き，これまでぼんやりしていたところがはっきりと見えるようになってきまし

[3] 第 41 回全国英語教育学会熊本研究大会　発表予稿集 pp. 88-89 を参照．

た．言い換えると，多くの国々の人々によって話されている多様な英語の中の一つとして，「日本人の英語」を捉えることができるようになったと思います．筆者は，これまで，日本では英語を「外国語としての英語」として捉えており，日常生活では英語を使わないということがいつも念頭にあり，EIL/WE の概念が身近なものになっていなかったように思います．また，これまでは，主に，ハワイのイースト-ウエスト・センターでのプログラムで英語母語話者のスミス氏の立場からの考え方を聴いたり，読んだりしていましたので，日本人の筆者には，EIL/WE は身近かなものというより，遠い話題という意識があり，自分自身の現実の問題にはなっていなかったように思います．今回，日野氏の積極的な「国際英語」という概念，その一つとしての「日本人の英語」の捉え方，そして，その実践にふれ，新鮮さと同時に大きな衝撃を受けました．

5.4.1.　日野氏の「国際英語」の概念

通常，日本語では，EIL を「国際語としての英語」という表現を用いていますが，日野氏は，「国際英語」という短い表現で表しています．氏の講演では，その特徴として，次のような項目が挙げられていました．

1. 「国際英語」は，英米の言語文化の枠組みを超える．
2. 「国際英語の本質」とは，英語母語話者のルールに縛られずに，自己表現と意思疎通の手段として，もっと自由に使ってよい．
3. 言語は，使用者の文化や価値感に応じて変容する（土着化: indigenization）．

「国際語としての英語（EIL）」，「世界諸英語（WE）」，そして，「国際英語」は，すでに明らかであるように，英語母語話者の英語だけを指しているわけではなく，多くの国々の人々による多様な英語を指しています．したがって，「1.「国際英語」は，英米の言語文化の枠を超える」ということは当然であると思いますし，また，「2.「国際英語の本質」とは，英語母語話者のルールに縛られず，自己表現と意志疎通の手段として，もっと自由に使ってよい」ということも納得できます．そして「3. 言語は，使用者の文化や価値観に応じて変容する」ということが指摘されていますが，これは，これまでの EIL/WE の議論の中でも示されていたことを「ことば」で明示したものに思われます．言い換えると，「国際英語」（または，「国際語としての英語」）という概念は，異なる国・文化の人々が，それぞれ，英語を「自分のことば」として使うことを意味していると考えることができます．

5.4.2.　「国際英語」の概念と母語話者依存の弊害について

このような「国際英語」の特徴を踏まえて，われわれ日本人が，その一つとしての「日本人の英語」を実現させるためには，これまでのように母語話者に依存しないようにすべきであると日野氏は指摘しています．その中心となる考え方は，次に示すような「母語話者依存の弊害」をなくす必要があるということになります．

(1)　母語話者に頼る姿勢は，日本人が自立した英語ユーザーを目指すうえで大きな障害となっている．
(2)　母語話者の英語だけが本物の英語であるとする考えから，自分の英語を生徒・学生に聞かせることについて消極的な日本人教員が少なくない現状である．
(3)　英語母語話者モデルの英語が最も理解されやすい英語であるという常識は，非母語話者が多数を占める現実の国際コミュニケーションでは通用しない場合が多い．
(4)　母語話者の英語をモデルとすることは，ほとんどの場合，英米文化の表現手段としての英語をモデルとすることを意味する．

(5)　母語話者の英語だけが本物の英語だと思い込んでいると，非母語話者の多様な英語を理解しようという態度は身に付かない．

ここで指摘されていることは，筆者自身にも思い当たることが多く，実際に，ハワイのイースト-ウエスト・センターでアジアの多くの国々からの留学生のたちの多様な英語でのコミュニケーションを体験したことから，筆者も気づいていることであります．日本人として，自分のことを客観的に捉え，日本人の仲間の間ではなかなか指摘しにくいことですが，日野氏は，海外のEIL/WEの研究者たちと対等の立場に立って，「日本人の英語」を客観的に捉え，その特徴をこのように表しているように思います．自らの英語の特徴を，客観的に捉えることができなければ，修正することもできません．そして，これらのマイナス面を取り除くためには，英語母語話者に依存せず，自らの英語能力を高める努力をすることが求められることになります．EIL/WEの一つとしての「日本人の英語」とは，日本人が英語を「自分のことば」として自由に使えるようになってはじめて，実現可能になります．まず，はじめに，日本人英語教員や英語教育研究者が英語母語話者に「ネイティブチェック」をお願いするということは不必要になることが期待されます．

ここで，「ネイティブチェック」について，イリノイ大学アーバナ・シャンペイン校の教授，カチュル（Braj B. Kachru）氏の話を紹介したいと思います．名古屋国際センターで開催された第2回IAWE大会（1996年）の終了後，カチュル博士夫妻（Drs. Braj B. Kachru & Yamuna Kachru）が長崎へ来られる機会がありました．その時の雑談の折に，B. カチュル氏（インド出身の方です）がイギリス留学時代の話をされました．氏は英文論文のコピーを2部作って，2人のイギリス人の先生（その1人は，M. A. K. Halliday氏だったとのこと）に訂正してもらったことがあったそうです．氏は，二人が直した箇所は一致していなかったと，ニコニコしながら，話されたことをよく憶えています．その時，筆者なりに，書いている内容の解釈が異なると，必ずしも正しい訂正がなされることを期待できないことに気づきました．やはり，自分の考えていることが正確に伝えられているのかどうかを自分で確認すべきであることに気づいた瞬間でした．その後は，自分で時間をかけて一生懸命に英文を書くようにして，よく読み直し，確認するようにしています．

EIL/WE の中の一つである「日本人の英語」は，日本人が英語を「自分のことば」として自由に使えるようになって初めて実現できることであると思われます．日野氏の提案は，スミス氏よりは，より具体的に，より厳しい目で日本人の英語教員に提言をしているようにも思います．EIL/WE の視点からは，日本人がもっと英語をコミュニケーションの手段として使えるように学習することの必要性が明らかになったように思われます．それも，英語母語話者とのコミュニケーションだけに目を向けず，英語の多様性にも配慮しながら，非母語話者とのコミュニケーションを行う必要性が出てきていることを認識すべき時期にきていることを指摘しています．EIL/WE の概念の主旨は，そのような広い世界での会話の実現であることを改めて認識しています．

5.4.3. 「日本人の英語」

参考までに，最後に，「日本人の英語（Japanese English）」の例にふれておきます．日野氏が指摘している例の中で，スピーキングでは，脱落や連結の少ない発音がその特徴として挙げられていますが，Smith & Rafiqzad（1979）は，日本人の英語は 74％の割合で理解されるという結果を示しています．このデータは，母語話者と非母語話者に一定の長さの文章を読んでもらったものを，クローズテスト方式で，音声を聴いて，埋めてもらうという方法で，9 ヶ国の学生たちに実験に参加してもらってまとめられたものです．筆者は，当時の長崎大学英語科（2年生）の学生たちにこの実験に参加してもらい，実験の手伝いをしました．

また，「日本人の英語」では，“first name”で呼ぶことを求めないという特徴もあげられます．文化の違いによると思いますが，筆者も，ハワイで仲間から，いきなり，“first name”で呼ばれるのは落ち着かないものでしたので，こちらからも，相手を“first name”で呼ぶのはためらわれました．ただ，仲間の中で，タイからの人，フィリピンからの人，インドネシアからの人たちは，“first name”を使っていましたので，その音に馴染んで，彼らの“family name”は知らないままでした．一方，台湾，韓国，日本の人たちは，“family name”を使っていました．

第41回全国英語教育学会熊本研究大会での日野氏の講演後の日本人の元高校教員のかたの反応ですが，生徒たちが，ALTのエリザベスさんを“Elizabeth”と呼び捨てにするのが気になって，いつも“エリザベス先生”と言いなさいと注意していたそうです．日野氏の講演を聴き，それは間違っていなかったとたいへん嬉しそうであったことを紹介しておきます．

ライティングでは，英語のbrother/sisterに関して，日本文化では，姉，妹，兄，弟など区別が必要ですので，日本人学生たちは，older，younger をつけて表します．最近も，社会人学習者の多読クラスで，Louisa M. Alcott の *Little Women* を読み，感想文を書いた人たちは，4姉妹の年齢順を大事にして書いていました．日本文化を背景にしたこのような英文は，積極的に認めることができます．それは，すなわち，「日本人の英語」であるということになります．日本人の感覚で，「おや？」と思うことは，自分で考えて日本人らしく表せばよいということになります．

スミス氏の「日本人は日本人らしい英語を話せばいい」(5.1.節）という考えは，具体的には，このようなことからはじまるのではないかと思うようになりました．

5.4.4.　まとめ

日本の英語教育の中で,「国際語としての英語」または「国際英語」の実現を可能にするためには, 日本人英語教員の英語運用能力が必要条件となることを肝に銘じておかなければなりません. 従来のように, 英語についての説明を通して教える英語教育ではなく, 実際に英語を使う訓練を通して英語を教えることが求められていることを重ねて指摘しておきたいと思います.

第Ⅲ部

EIL（国際語としての英語）/ WE（世界諸英語）の一つとしての「日本人の英語」の実現をめざして

—長崎からの実践報告—

これまで15年余り，放送大学長崎学習センターと長崎大学公開講座等で社会人学習者の英語学習に関わってきました．当初は，はじめての社会人学習者のための英語指導でたいへん戸惑いましたが，それまでに経験した指導法や多くの論文の中から選んだ理論・指導法を背景にして，社会人学習者が「英語を使える」ように指導するために役に立つと思われることを試行錯誤的に実践してきました．以下，第6章では，はじめて試みた放送大学長崎学習センターでの2年間の実験的多読指導の実践報告を中心に，そして，第7章では，長崎大学公開講座及びその他の小グループにおいて，放送大学長崎学習センターでの2年間の実験的多読指導の方法の有効性を確認しながら実践したもの（及び，現在，進行中のもの）を紹介します．社会人のための英語学習では，学習を楽しみながら，継続していくうちに英語が身に付いて使えるようになることを目指します．

第 6 章

社会人学習者のための多読指導
—放送大学長崎学習センターでの実践より—

6.0.　はじめに

平成 12（2000）年 9 月から，放送大学長崎学習センターで客員教授として社会人学習者の英語学習を手伝うことになりました．はじめて，「生涯学習」について考えるようになり，社会人学習者のためにどのような指導をすればよいのかを考えながら，毎学期に実施される土日型の面接授業やセミナーで，英語学習についての理論的情報を講義形式で提供したり，「やさしい英語」で書き直された英文学等の作品を英文和訳に頼らないで読む練習をしたりしていました．それは，「多読」を目指すものですが，楽しい内容の教材を訳読に頼らず，読み取っていくというものです．放送大学長崎学習センターの社会人学習者の皆さんは，4 年間ほど土日型の 2 日間の面接授業等で 1 冊（60 ページ程度）を読み終える体験等をしました（6.2.4. 節を参照）．このような英語学習に慣れた段階で，希望者に集中的に 2 年間（2005 年 2 月から 2007 年 2 月）の実験的多読指導の場，すなわち，「やさしい英語による多読・作文・会話を取り入れた訓練の場」を用意しました．月に 2 回，各 2 時間の予定で，それぞれが主体的に準備をして参加するというものでした．詳細は，6.1. ～ 6.5. 節で紹介します．

その訓練の成果が，今，時を経て現われてきていますので，はじめに紹介したいと思います．この時に，はじめて英語多読に挑戦した Y. H. さん（当時 60 歳）は，その後も仲間と英語の勉強を自主的に継続していますが，「英語学習 15 年余」と題してまとめた以下の報告を送ってくれました．

英語学習 15 年余　Y. H.

今年に入って，電車の中で座席を譲られたことが二度ある（5 月で 75 歳になる！）．いずれも外国人からだ．一回目は，長崎に大雪があって，停止していた電車が動き始めた日である．台湾から家族旅行（4 名）で長崎を訪れたご主人の気遣いであった．子供（小学生と思われる男子兄弟）が初めて雪を見てたいへん喜んでいると言われ，こちらも数十年ぶりだということで話が弾んだ．二回目は，3 月 27 日のことである．つり革につかまっている私に若い女性がサッと黙って立ち上がり席を空けてくれた．座った隣の年配の婦人に話しかけたら，席を与えてくれた女性も含めたベルギーからの旅行グループ（7 ～ 9 人）であった．ブリュッセルの空港・地下鉄爆破事件についてのお悔やみを言った．どちらも電停の「浦上駅前」から「松山町」までのほんの 5 ～ 6 分の間の話である．

このくらいの会話ならほぼ自然体で言葉を交わせる．

英語は「国際共通語」になっている．

放送大学長崎学習センターで大坪喜子先生が学生有志を集めて，2005 年 2 月から 2007 年 2 月まで英語の「多読」指導を実践された．これに参加した私は，スタートにあたり，先生が個人面接の形で英語の発信・会話力を試された時，ほとんどしゃべれず，散々な結果になったことを思い出す．テキストは Penguin，Oxford，Macmillan 社等発行のものから自分たちで自由選択ができた．私は英米文学の名作を中心に選んで挑戦したものの，当初は retold の 3 ～ 4 レベルでも私にとって理解スピードは遅かった．

しかし，読後感想文（英文）の提出を求められるなか辞書との長い時間の格闘の末，なんとか提出できるものを書き上げた時の喜びや名作文学の面白さを知るにつれ，「多読」への関心が強まっていった．そしてほどなく，居住地の大村で，市主催の英語講座に参加した人たちと欧米文学の名作を英語で読む（retold版）「多読」の会をつくった（毎週1回，2時間，会員5名）．すでに，10年を超えて継続している．現在の使用テキストレベルは，upper 6である．「多読」については，もう一つ，大坪先生が放送大学を退任された後，先生が提唱された「多読」の精神を継続しようということで，放送大学の仲間と一緒に「多読研究会」を立ち上げた（原則月2回，会員7名，今は，米国でベストセラーになった本を読んでいる）．

大村と放送大学の「多読」の会がなぜ継続するのか不思議ではある．勿論，英語好きの人の集まりだから当然といえば当然かもしれない．が，そればかりではない何かがある．現在，ボランティア通訳をやっている人や英語を教えている人も参加している．「使える英語」につながるものが学びあえる場になっているからかもしれない．

私は，世界の出来事を，直接，英語ニュースで理解できるようになりたいという個人的思いがある．10年位前から，BBCとCNNのニュースが視聴できるスカパー契約をしている．自由な流しっぱなしなのだが（TVの字幕，映像，音声のどれに起因しているかわからないが）世界の出来事の内容把握力が微々ではあるが進んでいると思う．そして，NHK-TV「しごとの基礎英語」や「ニュースで英会話」は好きな番組だ．「役に立つ」ので欠かさず録画して見ている．

英語が私の日常生活を豊かにしてくれる．

（2016年3月31日）

上記，Y. H. さんの報告から，Y. H. さんの現在の日常生活は，英語の学習が心を世界に開き，心豊かな日々を創り出していることを伺うことができます．最初のパラグラフを読んで，Y. H. さんを通して，筆者自身が思い描いていた多読実践の一つの成果が当たり前のことのように，自然に，実現していることにたいへん感動しました．その時に出会った台湾からの旅行者，そして，ベルギーからの旅行者は，Y. H. さんとの会話を通して長崎で出会った一人の日本人の思いやり・人柄にふれ，旅の思い出の一つになっていることと思われます．長崎で，EIL（国際語としての英語），または，WE（世界諸英語）の一つとしての「日本人の英語」が実現していることになります．

15 年前までは，英語とはほとんど関わりがなかった Y. H. さんが，仲間と継続して勉強してきた結果，英語を使う自然な場面で英語を自分のことばとして使っています．なによりも，Y. H. さんの英語学習に対する積極的な姿勢を見逃すことはできません．放送大学の仲間だけではなく，居住地の大村市主催の「英語講座」の仲間とも勉強会を毎週 1 回，10 年も継続しているとのこと．さらに，10 年ほど前から，世界の出来事を，直接，英語ニュースで理解できるようになりたいと BBC や CNN のニュースにも挑戦しており，少しずつ内容把握が進んでいるとのこと．いつも前向きに英語学習に取り組む Y. H. さんの姿勢は，多くの英語学習者のための生きたモデルであるように思います．

ここで紹介した Y. H. さんの英語学習の現在の状況は，貴重な成功例の一つであると考えることができます．2 年間の多読実践が終わった直後の 2007 年 4 月 20 日に提出された Y. H. さんの「私と多読」と題する感想文には，「『多読』の“成果”は確かにある．今後の勉強の方向が見えてきたし，迷いも少なくなった気がするからである．（詳細は 6.5. 節参照）」とあり，個人的には，放送大学長崎学習センターでの社会人学習者のための 2 年間の実験的多読指導の実践が，Y. H. さんのその後の英語学習の方向付け・オリエンテーションとなり，「使える英語」へ向けての基礎になっていると受け止めています．

以下，ここでは，2年間の実験的多読指導を中心に，それまで放送大学長崎学習センターで社会人学習者のためにどのような英語学習の方向付けをしてきたのかを紹介します．

6.1. 社会人学習者のための多読指導：その理論的背景

社会人学習者の中には，それまでの英語学習を失敗したと思っている人たちが多く，今度こそは英語を使えるようになりたいという意欲を持って参加していました．このため，まず，最初の学習目標として，英語を日本語に訳することなく読むことができることを目指しました．日本で育った多くの日本人学習者にとっては，英語を読むことは，すなわち，英語を日本語に訳することという習慣が身に付いており，この習慣を使わないようにするためには，それに代わる「新しい習慣」として英文を「左から右へ」内容を理解しながら読み進めることができるようになる必要がありました．このため，まず，Krashen & Terrell (1983) の「第二言語習得理論 (Second Language Acquisition Theory)」[1] で示されている「理論的モデル：5つの仮説 (The Theoretical Model: Five Hypothesis)」の中の「習得と学習の仮説 (The Acquisition-Learning Hypothesis)」と「インプット仮説 (The Input Hypothesis)」を理論的背景として取り入れることにしました．これらの仮説は，一言でいえば，「言語習得 (language acquisition)」という考え方を教えてくれるものです．これまでの日本の英語教育では取り入れられていなかった考え方であると思います．具体的な指導としては，「やさしい英語」で書かれた英文をできるだけたくさん

1　Stephan D. Krashen & Tracy D. Terrell, *The Natural Approach: Language Acquisition in the Classroom* (1983: 23–51).

読み，十分なインプット量を確保することを目指すことにしましたので，Day & Bamford (1998) の「多読アプローチの特徴 (The characteristics of an extensive reading approach)」[2] を参考にしました.

6.1.1.　習得と学習の仮説 (The Acquisition-Learning Hypothesis)

「習得と学習の仮説」は，大人が第二言語の言語能力を伸ばす場合には，二つの異なった方法，すなわち，「習得 (acquisition)」と「学習 (learning)」を用いているという仮説です．まず，その第一の方法は，「言語習得 (language acquisition)」によってであるというものです．それは，実際のコミュニケーションのために言語を使うことによって第二言語の言語能力を伸ばすことを意味します．「言語習得」は言語能力を伸ばす自然な方法であり，そして，それは無意識的プロセスであるというものです．例えば，子供たちは，彼らが言語 (母語) を獲得 (習得) していることを必ずしも気づいていないが，コミュニケーションをしているということには気づいているということができると述べています.

言い換えれば，「言語習得」は，実際のコミュニケーションのために言語を使うことによって言語が獲得されることを意味することになります．そして，それが，言語能力 (language ability) を伸ばす自然な方法であると考えています．子供は母語を獲得している過程で言語を獲得していることを必ずしも意識していません．ただ，自分の意志を伝えるために，コミュニケーションをしているということだけは意識しています．このように，「言語習得」は無意識的プロセスであるというものです．これは，子供が母語を覚えていく場合のように，母親や周辺の人々が使っている言葉からピックアップして，脈絡の力を借りて覚えていく様子を指していま

[2] Richard R. Day & Julian Bamford, *Extensive Reading in the Second Language Classroom* (1998: 7-8).

す．

一方，第二言語（または，外国語）の能力を伸ばす二番目の方法は，「言語学習（language learning）」によるというものです．「言語学習」は，例えば，ある言語について，その形式的知識（formal knowledge）を持っていることを意味します．つまり，「習得」は無意識的であるのに対し，「学習」は意識的であり，文法規則についてのはっきりとした（explicit）知識に言及し，それらについて話すことができることを意味します．

言い換えれば，第二言語の言語能力を伸ばす二番目の方法は「言語学習」によってなされるということです．それは，ある言語について知っているということ，または，ある言語についての形式的知識をもっているということを意味します．そして，「習得」は無意識的であるのに対し，「学習」は意識的な方法なのです．したがって，「学習」は，文法規則を意識しており，文法規則についてのはっきりした知識に言及し，文法規則について説明することができるということです．一方，「習得」については，習得（獲得）した言語を学習者は使って示すことはできるが，その習得した言語の文法規則を説明することができることには必ずしもならないと言うことができます．

ちなみに，このような「習得と学習の仮説」の観点から，これまで日本の英語教育の中で行われてきた指導方法について考えると，英語の文法について教えることに終始してきたということができることから，「言語学習」を通してのみ英語の指導が行われてきたということができます．実際の脈絡で，どのように英語が使われるのかを示し，コミュニケーションの手段として英語を使えるように指導すること，すなわち，「言語習得」という考え方は，その視野に入っていなかったということができると思います．「習得と学習の仮説」によるならば，中学生以上の大人の学習者に英語を教える場合，「言語習得」と「言語学習」が並行して行われることが望ましいことになります．

「習得」と「学習」の違いをまとめると次のようになります.

〈習得〉	〈学習〉
・子供の母語獲得に似ている.	・言語についての形式的知識あり.
・言葉をピックアップしている.	・言語について知っている.
・無意識的.	・意識的.
・文法知識がはっきりしない.	・はっきりした文法知識あり.
・学校教育だけでは成立しない.	・学校教育が役に立つ.

6.1.2.　インプット仮説（The Input Hypothesis）

Krashen & Terrell (1983: 32–37) により，言語を獲得する場合のインプットの役割について紹介します.「インプット仮説」は，われわれが今獲得している言語能力のレベルより少し上のレベルのインプットを理解することによって言語を獲得する（「学習する」ではなくて）ということを述べています. また，この仮説は，理論的にも，実際的にも，「どうやってわれわれは言語を獲得するのか」という重要な問いに答えようとしているものであると考えられています.

言い換えれば，「インプット仮説」は，前述の「習得と学習の仮説」により，「習得する，獲得する（acquire）」と「学習する（learn）」とを区別したうえで，われわれが言語を獲得するのは，入ってくるインプットを理解することによって実現するということを述べています. その場合，その入ってくるインプットは，それまでにわれわれが獲得している言語能力，すなわち，「今持っている言語能力」を少し上回るレベルのものを，脈絡の助けを借りて理解することによって，われわれは言語を獲得するということを述べているものです.

この「今持っている言語能力」より少し上のレベルのインプットを理解するということについて，Krashen & Terrell (1983: 32) では，「i+1」

（アイ・プラス・ワン）という形式で説明しています．すなわち，「i」がすでに獲得して知っていること（つまり，現在の能力），「+1」は，脈絡の力を借りて理解できること（しかし，まだ獲得していない）を加えてインプットするということを表しています．学習者は，まだ，獲得していないもの，すなわち，「+1」も脈絡から推測して，自分で理解していくことができることを表しています．

まだ獲得していない構造を含む言語をどうやって理解できるのかという問いに対して，その答えは「脈絡と言外の情報」を通してであると述べています．子供の世話をする人たち（caretakers）は，子供のために話をするとき，子供の周辺にあるものに彼らの話題を限定することによって脈絡（context）を与えます．優れた第二言語の教師たちは，視聴覚機器（visual aids）を用いたり，言外の脈絡を用いることによってこれをします．したがって，「インプット仮説」は，われわれが言語を獲得する助けとなる意味（meaning）を用いるということを主張します．

さらに，「第二言語を話す能力」については，「インプット仮説」では，リスニングとリーディングが言語学習プログラムで第一義的に重要であるということを述べ，「第二言語で流暢に話す能力」は，時間の経過と共に身に付いてくるということを主張しています．したがって，流暢に話すことは，直接的に教えられないということ，むしろ，「話す能力」は学習者（獲得する人）がインプットを理解することを通して言語能力を創り上げた後に現れる，と主張します．

「インプット仮説：その要点」

1. 「習得（acquisition）」と関わりがあり，「学習（learning）」とではない．
2. われわれは，現在の能力を少し超えた言語を理解することによって，言語を獲得する．そして，それは「脈絡」の助けを借りてなされる．

3. 流暢に話すことは徐々に現われるが，それは，直接的に教えられない.
4. 子供の世話をする人たちが，子供たち（獲得する人）にメッセージを理解できるように話しかけるとき，そのインプットは，自動的に “i+1”，すなわち，その子供が獲得できる用意ができている文法構造を含んでいる.

6.1.3. 多読アプローチの特徴（The characteristics of an extensive reading approach）: 10 項目について

多読の訓練においては，できるだけ多くの多読教材を用意し，特に，読む教材は指定せず，各自が選ぶことにしました．脈絡の中でインプットを理解することによって，「i+1」を実現させ，言語を「習得（「学習」ではなく）する」という考え方を取り入れ，各自が自由に教材を選んで読んでいく方法を取りました.

ほとんどの人が伝統的な「文法・訳読中心」の学習に慣れているため，英語を使えるようにするためには，日本語訳に頼ることをやめて，英文を「左から右へ」読んで内容を理解していく方法に慣れてもらうことが最初の仕事になります．英文を日本語に訳さないで，「左から右へ」情報を読み取っていくことに慣れるために，教材[3] は「やさしい英語」で書き直された Starter（300 語）レベルのテキストから，徐々に，Beginner（600 語）レベルへ，そして，Elementary（1,100 語）レベル，さらに，Pre-Intermediate（1,400 語），その上の Intermediate（1,600 語），そして Upper（2,200 語）レベルへと，一歩一歩，上の段階へ上がっていくという方法，すなわち，「i+1」で読み進めていきます.

---

[3] Macmillan Readers., Heinemann ELT など.

Day & Bamford (1998: 7–8) の「多読アプローチの特徴」の10項目[4]は次に示すとおりです．これらの10項目は，「インプット仮説」との連携がうまくできるように思われます．

〈多読アプローチの特徴: 10項目〉

① 出来るだけ多く読ませる．
② 広範囲な話題に関する多様な教材を用意する．
③ 学生に自分の読みたいものを選択させる．また，面白くなければ，途中で読むことをやめてもよい．
④ リーディングの目的は，ふつう，楽しみのため，情報を得るため，それに，一般的な知識を得るためである．それらの目的は，教材の内容や学生の興味と一致しているかによって決められる．
⑤ リーディングの課題は，最少にするか，皆無であるのが良い．
⑥ 教材は，語彙と文法の点で，十分，学生の言語能力の範囲内のものとする．
⑦ 教室内では，学生に，自分のペースで静かに読書を行わせ，教室外では，学生に時間と場所を選んで行わせる．
⑧ リーディングの速度は，通常，遅いというより，むしろ，速い．
⑨ 教師は，学生にプログラムの到達目標を明示し，手順を説明し，学生がそれぞれ何を読んでいるのかを把握し，最大限，学べるように指導する．
⑩ 教師は，読者としての手本である．

これまで，これらの「多読アプローチの特徴: 10項目」を参考にして，多読指導を進めていますが，日・米の文化の違いにより，10項目の

---

[4] これらの10項目の「多読アプローチの特徴」は，Day & Bamford (1998: 7–8) からの筆者訳．

中に，日本人には合わないものもありました．例えば，③について，日本文化では途中でやめることは好まれないということ，そして，⑤について，リーディングの課題はむしろ好まれるということなどです．これまでの実践では，リーディングの課題として，むしろ，積極的に作文・会話を取り入れました．（詳しくは，6.3. 節を参照.）

6.1.4.「コミュニケーション」と「スキル」

上記の多読における課題としての作文・会話を実践するために，筆者が常々心に留めていたことが「コミュニケーション」と「スキル」という考え方です．これらは，日本でもしばしば用いられている概念ですが，海外の英語教育関係の論文等で用いられている概念は，英語の学習者にとってより現実的で，分かりやすく，学習の支えになるように思いますのでここで取り入れました．

以下，プレイター（Cliford R. Prater）氏の「コミュニケーション」について，[5] 及び，ディクソン（Robert Dixson）氏の「スキルの獲得」[6] についてその要点を紹介します．これらは，英語をことばとして使うための学習法の基本的な考え方であり，ここで紹介する日本人学習者のための「やさしい英語」による多読・作文・会話の実践が成功するための鍵となるものと考えています．

---

[5] Cliford R. Prater, “Development of a Manipulation-Communication Scale” Kenneth Croft (ed.), *Readings on English as a Second Language: For Teachers and Teacher Trainers* (1972: 402–408) (Winthrop).

[6] Robert J. Dixson, *Practical Guide to the Teaching of English as a Foreign Language* (New Edition) (1975: 1–9) (Regents).

(1)「コミュニケーション」について

プレイター（Cliford R. Prater）氏は,「コミュニケーション」の始まり・その本質は，話し手が聞き手と分かち合いたいと思うこと（thought）が存在することであると述べ，そして，その分かち合いたいと思うことを表すために，話し手は，自分自身の中で発話を創り出すという操作をすると述べています．そして，その操作では，話し手が自分の伝えたいことを表すために，自分の中にある語句・語，構文（パタン）を選んで発話を創り出すという人間特有の不可思議な過程を伴うと指摘しています．つまり，人間が発話を創り出すということがいかに不可思議な能力であるのかということを述べています．「コミュニケーション」とは，まさに，人間特有のその不可思議な能力を使って，自分の伝えたいことを表すために，自分の中にある語句・語，構文（パタン）を自分で選んで使うという活動であることになります．

上記のプレイター氏の論文は，入門期の指導について,「コントロールされた練習（controlled practice）」から学習者の自由な意思を加えられる「自由練習（free practice）」の方向へ徐々に移行させることの重要性を扱ったものです．例えば,“My father is a doctor.”というパタンをクラスで導入する場合，教師が「パタン・プラクティス」で ”My father” の位置に起こりうる語・語句を，また,“a doctor” の位置に起こりうる語・語句を用意して十分練習させますが，このような練習は，使われるパタンや語句を教師が与えていますので，教師にコントロールされた練習であり，このレベルでは，コミュニケーションの要素は入っていません．したがって，このような練習をさせた後，この表現を使って，学習者自身の本当の父親の仕事を言わせることの重要性を指摘しています．学習者が自分自身の父親の仕事を伝えることは，聞き手である教師にとっては学習者からの新しい情報を受け取ることを意味します．そして，学習者にとっては自分自身で伝えたいことを表すために語句・語を選ぶという「コミュニケーション」を体験していることになります．教師に与えられた語句・語ではなく，学習者が自分で自分のことを表わすために語句・語を選んで伝えているからです．

プレイター氏は，入門期の簡単な「パタン・プラクティス」の段階から，一つ一つのパタンをこのように「教師にコントロールされた練習」から，学習者自身の伝えたいことを少しずつ取り入れ，コミュニケーションの練習へ移行させ，自分のことばとして使えるように指導することの重要性を指摘しています．

また，チャスティン（Kenneth D. Chastain）氏[7]の例を紹介しますと，例えば，作文の指導では，教師は，学習者にテーマとして「親しい友人に手紙を書きましょう」ということはできるけれども，学習者がこれまでに学習した構文，語句，語の中からどの構文，語句，語を選んで手紙を書くのかについては，教師には前もって分からないということを指摘しています．実際に作文を書く作業では，学習者が自分で自分の伝えたいことを伝えるために，それまでに学習して，自分の持っている構文・語句・語から選んで自分の作文を作るからです．

すなわち，「真のコミュニケーション」とは，教師が構文や語句や語を与えるというような外部からのコントロールがないこと意味します．言い換えれば，話し手（学習者）が自分自身の考えを伝えるために，自分で構文，語句，語を選んで発話することを意味します．さらに，言い換えれば，「コミュニケーション」という概念は，話し手が自分自身の意思・気持ちを伝えることであり，そのために使う構文や語句や語は，これまでに学習した中から選んで使うので，外部からのコントロールがないことを意味します．

このように「コミュニケーション」の概念を捉えると，英語の学習者と

---

[7] Kenneth D. Chastain, "Evaluating Expressive Objectives." In Kenneth Croft (ed.), *Readings on English as a Second Language for Teachers and Teacher Trainees* (Second Edition) (1980: 509–510) (Winthrop, Cambridge, Massachusetts).

しては，学習した構文・語句・語は自分の伝えたいことを伝えるための道具として蓄積される必要があります．言い換えると，「コミュニケーション」とは，われわれ学習者に主体的で，積極的な学習態度を要求する概念であることになります．

このような「コミュニケーション」の考え方を背景に，以下の多読指導の実践がなされています．具体的には，それぞれが，異なるテキストを読み，自分自身の考え方を聞き手に伝えるという活動で，他からのコントロールがない会話・作文の訓練をしています．

(2)「スキル」について

外国語学習において，「スキル（skill）」という用語もしばしば用いられていましたが，きちんとした定義には出会っていなかったように思います．Robert Dixson（1975: 8）ではじめて分かり易く，納得できる説明に出会いました．要約しますと，「スキルとは，長い時間をかけて練習を繰り返すことを通して出来た能力である」と述べています．例えば，ピアノが弾けるということは，ピアノを弾く練習を繰り返しすることを通してできた「スキル」（能力）であるというものです．ピアノを弾けるようになるためには，最初は，楽譜と鍵盤の位置を考えながら弾くため，メロディもリズムも不安定な状態ですが，何回も練習を繰り返すことによって，滑らかなメロディとリズムで弾けるようになります．それは，何回も繰り返し練習をしたことによってできるものであり，そこに「スキル」（練習を通して創り出された能力）が認められるというものです．このようなスキルは，殆ど自動的に作動しなければならないため，それらのスキルが身に付くためには長い時間がかかり，その上，絶え間ない練習を必要とします．

この「スキル」（すなわち，練習を通して創り出された能力）を外国語（英語）学習の場合に置き換えてみると，例えば，ある英語の文型を繰り返し練習した結果，文法規則を意識せずに，話し手が自分の伝えたいことを伝えるために，その文型が使われる適切な場面で，その文型を自動的に選んで使うことができる能力ということになります．それは，その文型についての文法規則を単に知っているということとは区別されます．言い換えれば，繰り返し練習をし，ある英語の文法規則が無意識的状態になり，自分の意思を自由に表すために使用することができるということは，単に，その英語の文法規則について知っているということとは別のことであると言えます．したがって，英語についての知識があることは，必ずしも，「スキル」があることを含意しないことになります．

ここで，「知識（knowledge）」についてふれておきますと，「知識」とは，書物を通して，また，研究を通して得られた情報の集大成であり，われわれは歴史や哲学や文学の知識をそれらについて書かれた本やそれらの専門分野の研究を通して得ることができますが，そこには「スキル」は含まれていません．

ここでも，「知識」について外国語学習の場合に置き換えてみると，従来からの「文法・訳読法（the grammar-translation method）」は，英語の文法についての知識を用いて，日本語に訳して，英語で書かれた文学作品等についての知識を得ることを目指す指導法であり，英語そのものを使うスキルを獲得することは目指してはいません．（ただ，英語を日本語に訳すスキルを目指していたということができます．）

日本の英語教育で，何年間英語を勉強しても英語が使えるようにならないのは，英語を使う「スキル」の訓練をしてこなかったことによるということにすぐに気づくことができます．したがって，外国語学習，すなわち，英語学習において，われわれは，まず，このような「スキル」と「知識」の区別をはっきり認識する必要があります．これまで，日本の英語教育は，この区別をはっきりしないまま，知識中心の伝統的な方法に依存してきており，英語を使う「スキル」を求める時代の要請に対応できないままであったことになります.

現在の国際化社会の中での英語学習は,「知識としての英語学習」ではなく,「使うための英語学習」に変わってきています. 英語を日常生活において用いることばとして学習することは, 従来のように母語で考えて, それを英語に翻訳して発話を創り出すというものではなく, もっと直接的・実践的なものであるべきです. 例えば, 英語を「話すこと」を学習したければ, 実際に英語を話すことによって学習するというものです.「書くこと」を学習したければ, 実際に英語を書くことによって学習するというものです. 言語（英語）は, そのように, 直接的・実践的な練習を繰り返し行うことを通して,「一つの習得（獲得）されたスキル（an acquired skill)」として作動すべきものであると考えられます.[8]

以上, 外国語（英語）を使えることばとして使えるように学習するということは, スキルを獲得するということであるということ, そして, そのスキルは, 繰り返し練習を行うことによってできる能力のことであり, 単に, その外国語についての知識の集大成から得られるものではないということを述べてきました.

英語学習のどのレベルにおいても, この「スキル」という概念を意識しながら, 繰り返しの練習を続けることの重要さを学習者は心に留めておくべきであると思います.

6.2.　社会人学習者の「主体的な」英語学習に向けて
―放送大学長崎学習センターでの授業から―

放送大学長崎学習センターでのおよそ 2 年間の実験的多読指導は, い

[8] Robert J. Dixson, *Practical Guide to the Teaching of English as a Foreign Language* (New Edition) (Regents) (1975: 8).

きなり実行できたわけではなく，筆者自身にも，また，学習者側にも，ある程度の準備が必要でした．筆者にとって，はじめての社会人学習者とのお付き合いが始まった 1 年目（平成 12（2000）年度 2 学期から平成 13（2001）年度 2 学期）は，参加者の現状や期待等がまったくわからない状態でしたので，講義形式で，次のような英語学習に向けての情報を提供するという方法を取りました．

6.2.1.　WE（世界諸英語）

平成 12 年度第 2 学期セミナー（全 4 回）では，テーマとして EIL/WE を取り上げ，英語をコミュニケーションの手段として使うために心得ておきたいことを提供しました．これは社会言語学に分類される領域ですが，比較的新しい概念である WE の考え方を紹介しました．その主旨は，それぞれが母語の影響のある英語でコミュニケーションをするので，たとえ英語の母語話者であっても，お互いに，非母語話者の英語（話し方も含む）を理解する努力をするという考え方を紹介したものです．（4.5. 節を参照．）

6.2.2.　スキルの獲得と文法の内在化

平成 13 年度第 1 学期面接授業（集中型）「英語教育―言語習得の観点から」及び，平成 13 年度第 2 学期セミナー「英語学習におけるスキルの獲得とは」（全 4 回）においては，アメリカなどの「第二言語としての英語教育（TESL）」及び言語学，特に，変形生成文法理論の立場から，英語を学習するための基本的な考え方を紹介しました．英語を使えるということは，文法を内在化し，文法を意識せずにコミュニケーションの手段として英語を使える状態にあると考えることができ，その状態を「スキルの獲得」（または「言語習得」）と呼ぶことができるということ，そして，そ

のようになるための学習方法を紹介しました.（6.1.4. 節（2）を参照）

6.2.3. 発話の力

平成13年度第1学期セミナー「発話の力: 言内の意味・言外の意味」（全4回）では，英語学の領域の一つである語用論 (pragmatics) の中で，「発話行為（speech acts）」を中心に，日常会話で気づかないまま使っている「発話の力」を言語学的に説明しました. 発話そのものの力と場面・脈絡の中でのことばの使われ方等に言及したものです.

6.2.4. リーディングの練習法: 学習者の主体性を育てるために

平成14（2002）年第1学期から平成16（2004）年第2学期までの3年間，学習者が実際に英語を主体的に読む練習に取りかかりました. 従来の日本の英語教育における知識中心の指導では，殆ど注意を払われることはありませんでしたが，「間違いながら英語の運用能力を身に付けていく」ためには，日本人学習者も「間違いを恐れて練習できない」ことから脱却して練習に集中できるように，教師は十分配慮する必要があります. そのためにH. ダグラス・ブラウン氏の「戦略的テクニック（Building Strategic Techniques）」[9] を参考にして，学習者に主体的に学習させる工夫をしました. 以下，その教師の「戦略的テクニック」と，授業内での実践例を紹介します.

---

[9] H. Douglas Brown, *TEACHING by PRINCIPLES: An Interactive Approach to Language Pedagogy* (Second Edition) (2001: 218).

(1)　H. D. ブラウン氏の教師のための「戦略的テクニック」とは

① ゲーム，グループ・ワーク等をたくさん取り入れて，間違いを恐れず，のびのびと学習できる環境にする.

② 間違いを恐れず練習する“fluency exercises”を多く取り入れる.

③ 学習者自身に自信を持たせる.

④ 学習者の「内発的動機付け」を引き出す．学習の楽しい成果などを思い起こさせる.

⑤ 協働学習を勧める．知識を共有させ，競争させる.

⑥ 「右脳」を使わせるように仕向ける．教室で映画やテープを使い，学習者にその一節をすばやく読み取らせる．自由に文章を書かせる．あまり訂正をせず仲間とたくさん話させるようにする.

⑦ わからないことがあれば，教師に尋ねること，お互いに質問しあうことを勧める.

⑧ 学習者の直観を使わせるようにする．学習者がよい推測をしたときは褒める.

⑨ 学習者の間違いを自分のために使わせるようにする．協働作業で，共通の間違いのリストを作るように勧める．自分の失敗を自分のために使わせる.

⑩ 学習者自身の目標を持たせる.

（注：これらの「戦略的テクニック」の訳文は筆者.）

これらの学習者を主体にした英語学習に取り組ませるための戦略（ストラテジー）を背景に，次のように授業を進めました.

(2)　授業での実践例

（A）音読について

平成 14 年度第 1 学期セミナー「英語教育—英語を「読むこと」・「話すこと」を中心に」（全 4 回）では，和訳しないで読む習慣をつけるために,「音読練習」を取り入れ, やさしい英語で書かれたテキストを参加者たちに音読してもらいました. 慣れない音読に戸惑う人もいましたが, 少しずつ慣れていきました. はじめての経験ですので, いろいろな注意事項も見つかりました. 音読を正確に行わせるために発音・リズム・ポーズ・イントネーションなどの音声学の知識を取り入れたセミナー (平成 14 (2002) 年度第 2 学期セミナー「英語発音・聞き取りの基礎」全 4 回), 及び, 平成 15 (2003) 年度第 1 学期セミナー (「英語音読の基礎: リズム・ポーズ・イントネーションを中心に」全 3 回) を開き, 不足している英語の知識を補いました.

コメント: 仲間に自分の音読を聞かせることは, 各学習者にとってははじめての経験で, たいへんな緊張と努力を要することでした. 英語を音声面から捉える習慣を身に付け, コミュニケーションに向けての訓練でした. これは,「右脳」を使う訓練をしていることになります.

使用した教材: Elizabeth Laird, *The Garden* (600 basic words)

T. C. Jupp, *Winning and Losing* (600 basic words)

T. C. Jupp, *Rich Man and Poor Man* (600 basic words)

John Landon, *Claws* (1,100 basic words)

John Milne, *The Black Cat* (1,100 basic words)

高木信之 (編著) (1996)『音法・文法・コミュニケーション活動一体の英語のリズムとイントネーション再入門ワークショップ』(松柏社)

(B) 協働作業について

具体的には, やさしい英語で書き直された名作を 4 人位のグループで協働作業を通して, 短時間で読み終えるように指示しました. 分担した各章を 15 分位で読み, お互いに読んだ内容を基に意見交換をしながら全体の内容を理解し, 用意された質問に答えます．例えば，平成 14 度第 2 学期面接授業（土日型）では，John Steinbeck の *The Pearl*（1,600 basic words）を，平成 15 年度第 1 学期面接授業（集中型）では，同じ著者の *The Moon is Down*（1,600 basic words）を，平成 16（2004）年度第 1 学期面接授業（集中型）では，Oscar Wilde の *The Picture of Dorian Gray*（1,100 basic words）などの文学作品を 2 日間の面接授業で読み終えました．

コメント：協働作業によるリーディングの練習で，はじめて，2 日間で一つの作品を読み終えることができ，英文で文学作品を楽しむ経験ができたようでした．

（C）能動的・自主的な学習活動

（A）（B）のような練習に慣れてきましたので，平成 16 年度第 2 学期セミナー（全 3 回）では，例えば，Louisa M. Alcott の *Little Women*（600 basic words）等のやさしい英文に書き直された文学作品（複数冊）を用意しました．和訳に頼らないで，内容を読み取る練習をした後，各自の好きな章の音読練習，読み聞かせ練習，また，作品についての感想などを英文で書き表す練習を取り入れました．1 人 1 人が異なる作品を読んで，お互いに，読んでいない人に紹介しあったり，音読練習したものを録音してきて教室で仲間に聞いてもらったりするなどの協働作業も抵抗なくできるようになり，従来の受身の学習法から，能動的で，自主的な学習活動ができるようになっていきました．

コメント：「やさしい英語」による多読（リーディング）を通して，音読練習・協働作業・英語による情報交換等ができるようになり，能動的で自主的な学習活動ができるようになりました．

（D）学習者が自分自身の学習目標を持つこと

自分で好きな作品を選んで読めるのは驚きであったと参加者の一

人が話してくれたことが心に残っています．それまでの経験から，英語を読むのは，教師からテキストを与えられて読むものと思い込んでいたということでした．ここでの学習法は，従来の受身の学習法から脱却し，主体的・自主的に各自が学習できるようになることにつながります．

コメント：多読指導では，各参加者が自分自身のレベルに応じて，目標を持って参加できることになります．

6.2.5.　まとめ

指導する立場からは，1人1人が作品を選んで読んだ後，英語でエッセイを書いたものを添削することで参加者の英文法の知識を確認できますので，その結果を見て「セミナー」や「面接授業」で英文法の基礎を整理し，不足している知識を補っていきました．

これらの授業では，前述の学習者に主体的に英語学習をさせるためのストラテジー，すなわち，教師の「戦略的テクニック（Building Strategic Techniques)」(H. Douglas. Brown, 2001：218）を念頭に置いています．これらの授業を通して，英語を運用できるように学習するテクニック（学習態度や学習法）を学習者が身に付ける訓練をしていたことになります．それらは，特に珍しいものではなく，成功した学習者なら当然実践している学習法であるということができるものです．ここで指摘しておきたいことは，授業を通して，教師はその技法を学習者たちに身に付けさせる工夫をしなければならないということです．

6.3.　社会人学習者のための「やさしい英語」による多読指導の実践
—放送大学長崎学習センターでの 2 年間の実験的多読指導—

前節で述べたような英語学習法を経験した後，通常の「セミナー」や「面接授業」とは別に，次のような形式で，希望者に 2 年間限定の「月 2 回，各 2 時間」という計画で実験的多読指導を行うことにしました．

6.3.1.　参加者

2005 年 2 月には 8 名，翌年 2 月には 1 名増えて 9 名が集まりました．この中の 1 名は，すでに M.A. を取得，他の人たちも少なくとも 1 つの B.A. を取得しており，放送大学で勉強を続けています．生涯学習として，自分自身のために，あるいは，自らの「内発的動機付け（intrinsic motivation)」により勉強しています．なお，この中の 2 名は，英語にかなり馴染んでいましたが，多読はそれぞれのレベルで進めることができるので特別扱いはしないことにしました．

6.3.2.　学習目標

英語を国際的な場面でコミュニケーションの手段として使うことを参加者たちは認識していますが，殆どの人は必要な場面で英語を使うことに慣れていませんでしたので，次の 3 つの学習目標を立てました．

(1)　英語を和訳することなく読むことができること
(2)　英語を書くことができること
(3)　英語を話すことができること

これらの 3 つの目標を達成するために，今回の実験で用いた指導・学習の戦略としては，(1) については，できるだけたくさん英文を読むこと，(2) については，英語で自分の文章を書くこと，(3) については，仲間と英語で意見交換をすること，を設定しました．

6.3.3.　教材

社会人学習者の多読指導を実践するに当たり，Krashen & Terrell (1983: 32) の「インプット仮説」と Richard R. Day & Julian Bamford (1998: 7–8) の「多読アプローチの特徴」を背景にして，教材は，やさしいものから語数の多いものへと Heinemann ELT や Macmillan Readers: Starter/Beginner/Elementary/Intermediate/Upper などの中から，100 冊ほどを準備しました．[10]

6.3.4.　クラス内の活動

このクラスでの活動は，次のような手順で進めました．

① 読む作品は，各自が自由に選ぶ．
② 読んだ作品の内容についての簡単な「英文レポート」を用意して出席する．(「英文レポートの形式」は準備していました．)
③ 仲間とお互いの読んだ作品の内容を英語で紹介しあう．この場合，相手を変えると，同じ内容を何回も話すことができるため，英語を使う練習として効果的な方法である．この方法は，時間の許す限り，何回でも話すことができるのが良い．

[10] 詳細は，大坪喜子編著，『放送大学長崎学習センターでの授業記録及び社会人学習者のための「やさしい英語」による多読指導の実践報告』(平成 23 (2011) 年 6 月) を参照．

これらの 3 つの手順について，少し説明を加えたいと思います．

①については，Richard R. Day & Julian Bamford（1998: 7）の「多読アプローチの特徴」として示されている 10 項目を参考にしています．そして，自分で選んだ作品を読む場合，前述の Krashen & Terrell（1983: 32）の「インプット仮説」，すなわち，「i+1」，を実践しながら，楽しんで読んでいくことを目指します．（6.1.2. 節及び 6.1.3. 節参照）

「聞くこと」「読むこと」が英語を受け取る活動（receptive activities）であるのに対して，②と③の英語を「話すこと」「書くこと」は，英語を創り出す活動（productive activities）になります．この場合も，既述の「コミュニケーション」と「スキル」の考え方を背景にして実践します．（6.1.4. 節参照）

②と③の英語を創り出す訓練について，もう少し説明を加えます．6.1.4. 節（1）（2）で紹介したように，コミュニケーションの始まりは，話し手（書き手）が聞き手（読み手）と共有したいと思うこと（考え）があり，その思い・考えを相手に伝えるために，話し手は，自分の持っている文構造・語句・語の中から自分で選んで表すという訓練です．言い換えるなら，外部から（先生から）コントロールされて話すのではないという考え方を実践しています．作文にせよ，会話にせよ，書き手・話し手は，自力で自分の考えを伝えなければならないというのが原則であるため，②と③の活動では，学習者それぞれが，自分の考えを自力で伝える練習の場であることになります．

一方，「スキル」については，何回も繰り返しながら練習をしてできた能力であるという考え方ですが，英語学習のどの領域にも当てはめて考えることができます．英語をことばとして使えるようになるためには，それぞれの段階で，繰り返し練習をしなければならない，ということを強く意識しておく必要があります．「スキル」は，読む練習，書く練習，話す練習，聞く練習のどの領域においても忘れてはならない考え方であるため，指導担当者としての役割は，それぞれの学習者がこれらの①②③の手順を自然に実行し，英語を使うスキルが獲得できるように手伝うことが中心になります．ここでは，学習者それぞれが，自ら学習するというのがポイントでした．

これらの活動を効果的に実践するためには，学習者は間違いながら英語の運用能力を身に付けていくことになるため，間違いを恐れず，学習者が自ら練習に集中できるように十分配慮するのが教師の役目になります．したがって，教師は，“helper”または，“facilitator”と呼ばれています．

6.4.　社会人学習者のための「やさしい英語」による多読指導の実践成果
―放送大学長崎学習センターでの2年間の実験的指導の場合―

6.4.1.　2年間の実践成果

まず，9名の参加者の2年間の実践成果として(1) (2)を紹介します．

(1)　2年間で読んだ冊数・英文エッセイ提出数・読んだ総語数
(2)　2年間の多読訓練の前後の600語レベルの物語を，「1分間で読めた語数」の変化

(1)　2年間で読んだ冊数：

〈参加者〉	読んだ冊数	英文エッセイ提出数	読んだ総語数
A	58冊	58回	555,252語
B	34冊	14回	390,962語
C	28冊	22回	148,997語
D	24冊	18回	158,268語

E	33 冊	14 回	254,904 語
F	28 冊	3 回	225,743 語
G	20 冊	15 回	128,920 語
H	22 冊	14 回	226,573 語
I	14 冊	13 回	128,968 語

（注：I は，1 年遅れの 2006 年 2 月より参加）

これらの資料について，これまでの経験から説明すると，多読で 30 冊位読み終えると学習者は英語に馴染んだという感じを持つようになります．この馴染んだという感じを「インプット仮説」で説明すると，「i+1」，すなわち，自分の現在の能力「i」を少し超えた言語「+1」を脈絡から理解することに抵抗感がなくなり，「言語習得」がだいぶ進んでいることを意味すると考えられます．

(2)　「1 分間で読めた語数」の変化：

〈参加者〉	〈2005 年〉	〈2007 年〉
A	189 語	219 語
B	134 語	163 語
C	103 語	115 語
D	115 語	133 語
E	189 語	228 語
F	111 語	190 語
G	119 語	158 語
H	171 語	194 語
I	—	204 語

上記 (2) の資料から，それぞれの参加者の「読んだ冊数」は異なりますが，1 分間で読む速度がそれぞれ速くなっています．それはそれぞれが英語に馴染んできていること，すなわち，「言語習得」が進んでいることを

示していると考えることができます.

6.4.2.　新しい自己評価法による実践成果

前節では, 2年間の実践成果として (1) (2) を示しましたが, ここで, これらの実践結果を別の視点から捉える方法として, Oxford's SILL (Oxford 1990)[11] による非母語話者の学習方法の自己評価法を取り入れたいと思います. "SILL", すなわち, "Strategy Inventory for Language Learning: Version for Speakers of Other Language Learning English" (言語学習のためのストラテジー項目: 英語を学習している他言語話者用) は, 第二言語, または, 外国語としての英語学習者の「学習のストラテジー」を調べるものです. その内容は, 英語学習について50項目が示され, 各自が, 自分に合っていると思うものを5段階で選ぶというもので, どれが正しいということではなく, 自分の現状を知るためのものです. その主旨は, 「英語を使える言語として学習をするためにはこのようなことをしていますよ」という視点からの50項目が示されており, それぞれが自分の現在の状況を把握するものです. (具体的には, 「付録1」を使って, 各自, 試すことができます.)

この自己評価法では, 英語を使えるように学習する場合, 「文法・訳読法」では使っていなかった能力を使っているのが見えてきますので, それぞれの学習者が自分の英語運用能力の変化を知ることができます. 今回の多読指導に於いては, 英語を「読むこと」に加えて, 「話すこと」と「書くこと」を取り入れていますので, Oxford's SILL (1990), すなわち, 「言語学習のためのストラテジー項目: 英語を学習している他言語話者用」(以下, 「言語学習のためのストラテジー50項目」) における上記の9名

[11] H. Douglas Brown, *Teaching by Principles: An Interactive Approach to Language Pedagogy* (Second Edition) (Longman, 2001: 221-224) を参照.

の参加者の英語学習についての変化を見ることはたいへん興味のあるところです.

もう一度言い換えますと，この調査は,「英語非母語話者の学習ストラテジー」を調べるもので，どのような配慮をしながら英語を学習しているのかをチェックするものです. 伝統的な「文法・訳読法」のみの手法で英語を勉強する場合と英語を話したり，書いたりする練習を取り入れながら英語を勉強する場合とでは，それぞれの学習者の学習における配慮は当然異なることが予想されますが，それぞれが自己診断でどのレベルであるのかを確認することができます.

もう少し具体的にこの自己評価法について紹介すると,「言語学習のためのストラテジー 50 項目（SILL)」[12] は，A，B，C，D，E，F のパートに分けられており，その中の個々の項目について，5 段階の評価で参加者が自己診断をするものです. 参考までに，それぞれのパートの最初の例を挙げます.

パート A:　1. 新しく英語で学ぶ内容を，自分がすでに知っている内容と関連付けて考える.

パート B: 10. 新しく習った単語は，何度か言ったり，書いたりしてみる.

パート C: 24. 知らない英単語の意味は推測する.

パート D: 30. 英語を使うために，できるだけ多くの方法を見つけようとしている.

パート E: 39. 英語を使うのが怖いなと思う時は，いつもリラックスしようと心がける.

パート F: 45. 英語が理解できない時は，相手にもっとゆっくり話す

---

[12] Oxford's SILL（言語学習のためのストラテジー 50 項目）は，原文を日本語訳の形で「付録 1」として掲載しています.）

ように頼んだり，もう一度繰り返してくれるように頼む.

5段階の評価　1: まったくしない.　2: あまりそうしない.
3: どちらとも言えない.　4: よくそうする.
5: いつもそうする.

パートAは，1–9の9項目，パートBは，10–23の14項目，パートCは，24–29の6項目，パートDは，30–38の9項目，パートEは，39–44の6項目，パートFは，45–50の6項目あり，合計すると50項目あります.

9名の多読参加者の自己診断について，2005年と2007年に行った結果は次のとおりです.

「言語学習のためのストラテジー50項目」の平均点:

参加者	2005年	2007年
A	3.38	3.7
B	2.9	3.26
C	2.62	3.4
D	1.4	2.7
E	4.2	4.5
F	3.06	3.1
G	—	2.9
H	—	3.1
I	—	3.3

この自己診断結果をどのように判断するのかということですが，これまでの成果から判断しますと，例えば，参加者Dさんは，2005年は，〈1.4〉となっていますが，これは，文法・訳読中心の勉強法に限られていたものと思われます．当然，Dさんには，〈パートF: 45（英語が理解できない

時に，相手にもっとゆっくり話すように頼んだり，もう一度繰り返してくれるように頼む)〉は，視野に入りませんので，5段階の評価では，〈1: まったくしない〉でした．2007年には，〈2.7〉になっており，英会話，英作文の訓練を経験して，変化したことになります．一般的に言えば，平均点が〈3.0〉前後であれば，バランスよく勉強できているということが認められるので，2年間の多読指導の結果として，Dさんは英語をことばとして学習できており，今後の英語学習が，「使える英語」のための学習法へと向いてきていると考えることができます．一方，Eさんの場合，2005年〈4.2〉，2007年〈4.5〉となっていますが，全体的にバランスよく英語学習ができており，かなりの英語運用能力があることを示しています．この自己診断の結果では，2年間の学習後，9名の参加者がそろって平均点が〈3.0〉前後に達しており，「使える英語」の方向付が身に付いていることを認めることができ，今後の学習成果が期待されます．この方法は，まだ日本ではあまり取り入れられておりませんが，示された50項目の選択肢を見ることにより，英語の学習法のヒントにもなりますし，また，現在の成果は，学習者のその後の英語学習の見通しを予測できる資料にもなりますので，ぜひ取り入れていただきたいと思います．

6.5. 実験的多読指導: 参加者からの感想文

ここでは，2005年2月から2007年2月までの実験的多読指導の参加者3名の感想文を紹介します．特に，何を学習していたのかが伺える例を選んでいます．

私と「多読」　　Y. H. (60代男性)

1.　私には大学受験の英語経験がない．また，高校卒業以来，40余年，英語とはほぼ“無縁”に仕事ができていた．だが，周りの環境に左右されてしまうものである．放送大学の「英語サークル」への熱心な勧誘を受け，“やってみようかなあ”と動かされたのである．定年退職直前，“60歳”からの手習いであった．

幸運なことに，この頃，長大から英語教師養成の豊富な経験をお持ちの大坪喜子先生が客員教授としてお見えになった．（大坪喜子編著．『使える英語を教えよう』（長崎大学英語教育研究会: 1990）は，そのご苦労を纏められたたいへん貴重なものである．）まだ，放送大学が大草にあった頃である．私は，先生が担当されるセミナーと面接授業には，殆ど欠かさず参加した．多岐にわたる教示の中でも，特に印象に残っているものがある．「音符が読めてもピアノはうまく弾けない．英語が読めても，話すことはできない．（要旨）」と文法の「内在化」のトレーニングの重要性を言われたことである．もちろん，この「読める」というのは疑問符付きなのではあるが，以後折に触れ，この言葉は，勉強継続の大きな糧となっている．

こうして，人生の殆どラストステージにあって，想像もしなかった英語の勉強を取り入れてしまったのである．

2.　大坪先生が提唱された「多読」に2年間の期限で，英語好きの仲間と競い合いながら取り組んだ．「多読」実践の中身は，私の場合，およそ30冊程度（Oxford, Macmillan, Penguinなどから出版されているretold版の名作ものが中心で，レベルは，1700語まで，分量は100ページを超えない）を読み，そのうち感想文（英文A4で1枚）提出が10点であった．冊数も感想文も仲間に比べるとやや少ない．たが，「多読」の“成果”は確かにある．今後の勉強の方向が見えてきたし，迷いも少なくなった気がするからである．少なくとも，次の3点については進歩したところだと思っている．

(1)　文は頭から順次理解できること

関係詞節を後から訳し返していくのはよくないと聞いてい

た．だが，私は複雑な文はピリオドまで一応読み，それから，目を左右に動かしながら，理解していた．この方法しかできなかったのである．当然スピードは問題外である．

「多読」期間中に，大西泰斗著『ネイティブの感覚が分かる英文法』や西巻尚樹著『英語はワンパターンである』などに出会って，大いに触発されて，今では，頭から順次文の理解ができるようになりつつある．速度も上がった．そのうち英会話に生かせるような気がしている．

(2)　基本動詞が使えるようになること

基本動詞であるgo, come, bring, get, give, keep, makeなどは，本来の英語を形作るものであるという（アングロサクソン人がゲルマン民族の移動によりイギリスに持ち込んだもの）．ところが，1066年のノルマン人のイギリス征服でフランス語の影響が強く入ってくると，こちらのほうが高尚な言葉と見なされ，日本にもたらされた英文法に強い影響を与えてきたそうである．

率直に言って，私は，基本動詞と副詞・形容詞の組み合わせの大切さを知らなかった．難しい単語を使った文章を解読するのが英語だと思い込んでいた．基本動詞の習熟に目が向いていなかったというより，軽視していた．そのため，英語を身近に感じなかったものと思う．「多読」では，基本動詞と副詞・形容詞の組み合わせが頻繁に出てくる．Retoldものだから特にそうなるものとは考えるが，これをオリジナル版に比べて，「レベルの低い英語」とは思わないことにしている．そして，これらを熟語として暗記するのではなく，語感ないしイメージとして分かるようになればしめたものと思っている．しかし，私にとってまだ時間を要する課題である．

(3)　英文学を読むこと

「多読」をやって，思わぬ楽しみを発見した．Retold版でディケンズやモームなどの作品を読めば，結構面白いのである．もちろん，これらの名前は聞いたことはあったが，恥ずかしながら，これまで作品自体を読む機会はなかった．私の場合，“世界文学全集”は，本棚に眠っている飾りである．おそらく，今後もそうである．大体こういったものは，翻訳でも読まないものである．だがこれからは，retold版でなら読むことはありうる．こちらの方がより現実的である．これは，うれしい発見であった．

「多読」の面白さが分かってきたので，大村の英語仲間（市主催の英語講座に参加した人達と講座終了後も集まって勉強会を続けている）にretold版の読書会を提起した．今4冊目に入り，シェイクスピアの『ハムレット』を読んでいる．シェイクスピアの作品は筋の展開が分かっていても面白い不思議さがある．

個人的にもイギリス文学を読んでいくつもりである．趣味の囲碁のように楽しみながら続けられれば理想だ．もちろんretold版である．

3.　放送大学図書館長の杉本太一郎先生は，「“私は自動車の運転が上手だ”と思っている人は，早く実用の域に達するが，怖いと思いながら運転している人は，なかなか上手くならないという事実がある．そのあたりは，インド人と話してみれば分かる．彼らの多くは，間違った英語を使っても平気な顔をしている．(放送大学通信on air no. 85)」と書かれている．私にもインド系の男性と話した経験がある．決して悪い意味で言うのではないことを断っておかなければならないが，発音はとてもヒドかった．私の方がましだと思うほどである．しかし，彼はどんどんしゃべれる．

私も，当面の目標を英語で「しゃべれる」ようになることにおいている．努力もしているつもりだ．しかし，英語勉強自体とは別次元の要素もあるようである．人の性格問題かもしれない．それよりはじめから英語を「実用」のものとみなす構えにおいて差があるのかもしれない．

現状の私には，間違っても「平気な顔」等とてもできない．それより前に，間違わないようにと思ううちに，一言も発せないでやり過ごす場面ばかりである．恥の性格が災いするのなら，自分自身を変えなければならない．だが，問題が英語の「実用」性をめぐることにあるのなら，わが国における論議は未整理のままのようにも思える．

(2007年4月)

「多読指導」に参加して　　Y. I. (20代女性)

私は1年間「多読指導」を受けました．学校卒業後，10年余り，英語とは無縁の生活をしていましたが，放送大学への入学を機に，もう一度英語をやり直してみようと思い立ち，比較的最近出版された受験生用のいろいろな文法書を読むようになりました．「多読指導」を受けるようになったきっかけは，そのような折に，大坪先生の「英語の文構造」についてのセミナーに出席したことです．先生の，英語を話すことを前提として，日本人の思考に合わせた分かり易い説明と，とても親しみやすいお人柄に触れ，これまで疑問に思っていたことを何でも質問したくなり，「多読指導」をぜひ受けてみようと思いました．

「多読指導」のサークルに参加すると，いろいろな気づきがありました．まず，多読用の本は，私が想像していたよりも読み易いものでした．本屋にレベル別になった英文の本があることは知っていましたが，原書をレベル別に分類してあるものだと思い込み，英語学習者用に書き直されたものであるとは知りませんでした．また，それまでの私は精読と速読の区別をしていなかったことにも気づきました．難しい単語がたくさん出てくるものをその都度立ち止まって辞書を引きながら読むのではなく，苦痛にならないくらいの易しいものを読んで，英語の感覚を取り入れることが大切であることに気づきました．

さらに先生は，英文を読むだけではなく，書くこと，話すことをトレーニングする機会を与えてくださいました．読んだ本について自由に感想を書くうちに，文の構成やパラグラフ構成を意識するようになり，論理力を鍛えることができました．文法的には合っているけれども自然な英文ではないという感覚レベルの英作文も教えていただき，たくさん英文に触れることで分かる感覚の世界を意識するようになりました．母語では当たり前のようにできていることですが，英語になると不思議と感覚を意識することができなかったのです．文法的なことで凝り固まった頭のなかをほぐしていただいた気がします．

英作文を土台にして，さらに英会話へもつなげていただきました．相手を変えて，同じことを何回も話すうちに，自分の言葉として取り入れていくことを経験しました．またこれまで，スラスラと英語を話さなければいけないという過剰意識があったのですが，一方的にペラペラ話すのではなく，相手の様子を見ながら，少し間を空けてでも言葉のキャッチボールを楽しむという英会話の空気感を学びました．

以上のようなたくさんのことに気づきながら，私の英文を読む意識はずいぶん変わりました．「多読指導」を受ける前は，受験英語の影響もあってか，細かい文法事項にこだわりすぎていましたが，頭の中で考え込むのではなく，基本的には5文型と品詞でわからない単語の意味を推測し，あとは，主語か動作主か受け手か，時制はどれか，時間には幅があるのかないのか，事実か仮定か程度の感覚の世界を重要視するようになりました．

何よりも，次にどんな新しい単語に出会うかなと思いながら，英文を楽しんで読むことができるようになったことは大きな変化だと思います．毎回，私の拙い英作文の訂正，英会話にお付き合いいただいた先生には心から感謝しております．　(2007 年 4 月)

英語多読指導を通しての学び　T. K. (40 代女性)

今回，英語多読指導勉強会を通しての感想を書くにあたって，自分なりに学びを振り返ってみました．反省点は多かったとはいえ，結果としてはむしろ実に収穫の多いものでした．主なものとしては，① Reading，② Writing，③ Speaking の 3 点におけるスキルアップの成果が挙げられます．

第一に，まとまった量の英語のストーリーを読むこと（Reading）を習慣として得ることができたことです．英文の読書を楽しむことができるようになり，読書のスピードが増してきたのは事実です．例えば，日常生活の中で小分けにしてですが，以前は，Penguin Readers の Intermediate（1700 語: Level 4）50 ページ程度のストーリーを読むのに，3 時間ほど要していたのが，最近は，Upper Intermediate（2300 語: Level 5）100 ページ程度のストーリーを辞書をほとんど使わずに 4 ～ 5 時間で読めるようになりました．これは，明らかに理解できる語彙が増えたことと，長いストーリーの英文を読むことに慣れてきた成果により，読むスピードが速くなったことを示しています．

第二に，英文の多読とレポートの添削指導により，英語での文章表現力（Writing skill）が，少しずつではありますが，向上したと感じられます．大坪先生の添削指導と多くの文学的作品に触れることによって，文章構成や文法的な表現法，そして，とても役に立つ文学的表現が習得できたように感じられます．特に，“このように表現するのだ” と感じる単語やフレーズにしばしば出会い，私自身も時々用いていることがあります．

第三に，上記の内容は文学表現のみならず，会話表現—話すこと

(Speaking) においても述べることができます．多くの物語や文学作品で出会ういろいろな表現は，話すこと (Speaking) にも影響を与え，表現を豊かにしてくれると確信しています．

最後に，最近，私自身，英語の多読を通して，体感していることがあります．それは，以前から新聞や短い評論を読むことが主であった私ではありますが，物語や文学作品のようなストーリーを読む際に，文章の行間を味わっている自分に気づくことがよくあるということです．慌ただしい生活の中，まとまった量のストーリーを英語で読み終えることは，一寸した空き時間に読み終えるというわけにはいかず，時々，しおりを挟んだままにしていたりします．しかし，内容にもよりますが，読み終えたときには，心温かくなったり，妙にエネルギッシュになって心地良い余韻に浸ることができるものです．

先にも述べたように，英文多読は，自分自身の表現力を豊かにしてくれる効果が大きいので，英語学習法としてはこの上なく，この 2 年間ですでに，30 冊程の本を読んでいて，本屋でも，ついつい洋書のストーリーブックコーナーに立ち寄るようになりました．日常生活の中で，少しでも英語のストーリーブックを味わう豊かな時間を持つことが習慣となっているのは，何よりうれしいことです．これからも大切にしたいひとときです．(2007 年 4 月)

ここで紹介した Y. H. さん，Y. I. さん，T. K. さんの感想文は，放送大学長崎学習センターでの 2 年間 (2005 年 2 月～ 2007 年 2 月) の実験的多読指導の終了直後に書かれたものです．それぞれの英語学習に取り組む状況は異なっていることが伺えますが，このような社会人学習者のための多読指導では，それぞれの状況に応じて英語学習に参加できるのが特徴であるように思えてきました．Y. H. さんは，頭から順次文の理解ができるようになりつつあるとありますが，とても貴重な成果です．Y. I. さんは，英文法を勉強し直して参加していたことで，とても効率よくいろいろな学習ができた様子が伺えます．T. K. さんは，小学生に英語を教えていますが，多読を継続したことにより行間を楽しむことができるようになったとのことです．生涯学習の一つとして，それぞれの努力が報われ，それぞれに成果が見られるのはたいへん嬉しいことです．

6.6. まとめ: 放送大学長崎学習センターでの 2 年間の実験的多読指導を終えて見えてきた成果

2 年間,「やさしい英語」で書き直された英文学などの名作の多読とその内容についての英語による作文や会話の訓練を通して，多読・作文・会話のそれぞれの「スキル」の獲得に向けて各々が努力を続けてきました．それは，それぞれの学習者にとっては新しい経験であったと思います．ここで，それぞれの学習者の 2 年間の学習成果により，次のような有意義な効果が得られたことを指摘したいと思います．

(1)　バランスのとれた英語学習ができたこと

まず，第一に，最も根本的で重要なことですが，英文を訳読ではなく，「左から右へ」読んでいく「スキル」を身に付けたこと，そして，「作文」と「会話」の練習を通して，英語を創り出す能力の訓練もできたことです．これらの訓練により，英語を「ことば」としてバランスよく学習できており，Oxford（1990）の SILL（言語学習のストラテジー 50 項目）の自己評価もそれぞれがほぼ平均点〈3.0〉に達しています．このことは，これからの英語学習の成果が期待できることを意味します．

(2)　英語が話せる学習者が出てきたこと

2 年間の実験的多読指導は，これで英語の学習が完了したということではなく，学習者が今後の英語学習の方法を身に付ける機会を提供していたという方が正しいと思います．このような学習を継続し，本当に英語が身に付いて，英語が使われる自然な環境で，自然に英語が使えるようになってほしいと思っていましたが，それを実証してくれたのが，本章の最初で紹介したY. H. さんです．2年間の実験的多読指導が終わった直後（2007年4月）のY. H. さんの感想文（6.5. 節参照）によると，「今では，頭から順次文の理解ができるようになりつつある．速度も上がった．そのうち英会話にも生かせるような気がしている」とあります．2008年12月まで英作文の添削をしていた記録がありますが，その後も，Y. H. さんは，ずっと仲間と英語の多読を継続しており，そして，今では，英語が使われる自然な環境（市電の中での海外からの旅行者との出会い）で自然体で会話を楽しめるまでに英語に馴染んでいます．その後，直接話を聞くことができましたが，列車で自分の隣の座席が空いていて，アメリカ人のバスケットボール選手（指導のために日本の中を移動していた人であったとのこと）が座り，博多から諫早まで話したとのこと．その他，ノルウェーからの人（船員）とハウステンボスで話したり，長崎駅でシンガポールからの人と話すなど，本当に自然体で英語での会話を楽しめるようになっています．

2年間の多読・作文・会話の訓練を通して身に付けた新しい英語学習の習慣（和訳に頼らない読み方）を生かして，さらに，それぞれの学習者が英語学習を継続することの意味が見えてきました．

(3)　「話す能力」はインプットの理解を通して後で現われるということ

次に，Y. H. さんの英語学習を通して見えてきた貴重な成果を紹介します．前述のとおり，2年間の実験的多読指導は，Krashen & Terrell (1983: 32) の「インプット仮説」を背景にしていたのですが，その仮説は，第二言語で流暢に話す能力は時間の経過と共に現れるということ，つまり，流暢に話すことは直接的に教えられないということを主張しています (6.1.2. 節を参照).「話す能力」は，学習者（獲得する人）がインプットを理解することを通して，言語能力（competence）を創り上げた後に現れると主張していますが，ここで指摘されている「話す能力」は，どの段階で現れるのかについては具体的に示されていませんでした．筆者自身にも予測ができていませんでしたが，今回，Y. H. さん自身がその具体例を示してくれました．少なくとも，その重要な手がかりを与えてくれました．それはインプットとしての英語を理解しながら，たくさん読むことによって，英語に馴染んだという状況の中で初めて実現できるものであるらしいということ，言い換えれば，多読を通して，「言語習得（language acquisition）」が実現できていることを意味します．そして，それは，言語能力を創り上げたということを意味することが筆者自身わかってきました．

(4)　学習者主体の多読学習法から見えてきたもの

最後に，もっとも基本的なことですが，社会人学習者のための「やさしい英語」による多読指導を 2 年間実験的に続けたことによって，従来の英語教育では見逃されていたことが実践できたように思います．それは，学習者が自らそれぞれの能力に応じて主体的に英語の習得に取り組むことができたことです．

具体的には，多読指導における教材選択をそれぞれに任せていること，すなわち，学習者が準備された 100 冊の中から，自分で選んで読むということです．多読のために学習者自身が自分で楽しいと思うレベルの教材を選んで読めば，それは，まさに，「インプット仮説」の「i+1」になっているということを指摘することができます．多読指導においては，教師がテキストを選んで指定する必要はないことが見えてきました．沢山の本を読みますので，中には自分のレベルより，上であったり，やさし過ぎたりすることもありますが，自分で楽しいと思うレベルは，今の能力より少し上のレベルで，それでも（脈絡から）理解して読めるものであることがわかってきました．これは，脳科学における「フロー理論」の主旨にも合っているように思われます．つまり，「技能」と「課題」が合っているときを「フロー状態」と言うのですが，人が好きなことに取り組んでいるときに，その人は最も能力を発揮し，達成感や充実感を得ているというものです．多読では，「i+1」にしたがって，それぞれの学習者が楽しい作品に取り組み，読むことの楽しさを経験しながら英語の「習得」(acquisition) ができていたことになります (6.5. 節参照).

筆者は，これまで長崎大学では学部4年間と大学院2年間の6年間継続して同じ英語科学生の指導を経験しましたが，放送大学長崎学習センターでは，8年以上もの間，同じ社会人学習者の皆さんとの付き合いができました．長い時間をかけて英語学習過程に関わることができたことで，これまでの経験では見えなかったこと，実践できていなかったことができていたことに改めて気づきました．一般的には，学習者がどのように英語を学習し，習得していくのかについては，限られた学校教育の期間内では見届けることは困難であると思いますが，放送大学長崎学習センターでの社会人学習者との8年以上に及ぶ付き合いを通して，学習者の意欲・内発的動機付けに助けられ，英語運用能力を伸ばす手伝いができたように思います．放送大学長崎学習センターでの社会人学習者への2年間の集中的な「やさしい英語」による多読指導の実践を通して，英語科教育への新しいヒントを得ることができました．それは，一言で言えば，学習者が英語を使いながら学んでいく「言語習得 (language acquisition)」の考え方を取り入れた指導法です．英語をコミュニケーションの手段として使えるように指導するためには避けられない指導法であると思います．

最後に，放送大学長崎学習センターでの2年間の実験的多読指導では，その理論的背景として，「習得と学習の仮説」と「インプット仮説」(Krashen & Terrell (1983) を参照) の考え方を応用し，「言語学習」ではなく，「言語習得」という発想に基づく指導を実施していたことを再度申し添えておきます．

第 7 章

社会人学習者のための「やさしい英語」による多読・作文・会話を中心とした指導例
―長崎大学公開講座・小グループ学習の例から―

本章では，前章で紹介した放送大学長崎学習センターでの「やさしい英語」による多読・作文・会話を中心とした指導法を他の社会人学習者に応用した例を紹介します．

7.1.　長崎大学公開講座の例

平成 23（2011）年度から平成 26（2014）年度まで長崎大学公開講座「社会人のための英語運用能力開発コース」を，前述の放送大学長崎学習センターでの 2 年間の多読実践の方法を応用して実施し，月に 1 回（2 時間），年に 6 回の予定で行っていました．しかしながら，このような多読による英語学習は学習者が主体的に継続して取り組む必要があり，一般市民を対象にした公開講座にはそぐわないことがわかってきました．このため，平成 27（2015）年度からは場所を大学外に移し，長崎大学英語教育研究会主催の勉強会として実施しています．現在は，多読を楽しむ参加者が公開講座後も継続して参加しており，平成 23 年度に始めた人から，平成 26 年度に始めた人まで，多読学習の経験年数はいろいろです．この多読指導では，参加者が，それぞれのレベルにあった作品を「i+1」で読み進めますので，各自，自分のペースで少しずつ上達できるシステムになっています．

多読学習の進め方

長崎大学公開講座から継続している現在のクラスでの「やさしい英語」による多読・作文・会話を中心にした英語学習では，教材として，Macmillan Readers（153 冊）及び Macmillan Readers: Readers Resources (82 冊）を用意しています．1 回のクラスでの練習法は，放送大学長崎学習センターでの 2 年間の多読指導の場合と同様に，学習者は，それぞれのレベルでテキストを選んで読んでくること，その場合，日本語訳に頼らないで英文を「左から右へ」読み進めること，このために，はじめは，多くの挿絵で理解を助ける Starter（300 語レベル），Beginner（600 語レベル）などから取りかかることにし，間違いながらも，英文で感想文を書いてくることが前提です．クラス内では，ペアになって，お互いに英語で読んだテキストの内容を紹介し合い，終われば，また別の人とペアを組んで紹介しあうという方法で，英語で自分の感想を何回も他の人に伝えるというものです．そのような練習を約 30 分行った後，クラス全体に伝える練習をします．すでに，ペアで何回か同じことを伝えているため，全体に対して英語で話すことへの精神的な負担が少なくなっています．このようにして，英語を使う練習を続けます．英作文は，添削をして次回に返しますので，この添削の段階で英文法の間違いがあれば訂正ができます．

このようにして，1 年目が終わる頃には，学習者それぞれがだいぶ英文の物語を読むことに慣れてきます．英語でエッセイを書くこと，また，間違いながらも，読んだ内容について英語で話す活動にも少しずつ慣れてきます．1 年目は，指導者のほうも，日本語で考えて書かれた英文を理解するのにたいへんな思いをしますので，学習者・指導者の双方にとって，がまん比べの期間となります．2年目になると，学習者のほうも学習方法に慣れてきて，書かれている英文も読みやすくなってきます．

参考までに，このような練習を繰り返し実践して，すでに，5年目のY. M. さんと4年目のI. M. さんの学習記録を紹介します．定期的に計ったものではありませんが，それぞれが，自分のペースで多読を楽しみながら続けています．[1]

〈Y. M. さん: 2011年4月から2016年6月までの学習記録〉

読んだ冊数	英文エッセイ提出数	1分間で読んだ語数	言語学習ストラテジー50項目
71冊	61回	186語	平均3.0

〈I. M. さん: 2012年5月から2016年6月までの学習記録〉

読んだ冊数	英文エッセイ提出数	1分間で読んだ語数	言語学習ストラテジー50項目
51冊	30回	176語	平均4.16

学習の成果: 英文を「左から右へ」読む習慣ができました！

この方法による学習成果として，文法・訳読法からの脱却が実現できたことを指摘したいと思います．やさしい英語による多読・作文・会話を取り入れた指導法での新しい成果として，特に，平成24年度以降の多読指導から，学習者の学習状況に有意義な変化が見えてきました．それは，伝統的な学習法により日本語に訳して読む習慣が身に付いていた社会人学習者たちが，英文を「左から右へ」読んでいく習慣を身に付けているということです．ここでの実践では，日本語を挟まないで，間違いながらも，英語そのものに慣れていくことを目指してきましたが，その方法を，少なくとも，2年間継続すると，それぞれがその成果を実感できるようになりま

[1] Y. M. さんとI. M. さんの読んだ作品名のリストは「付録2」参照．

す．読むことも，書くことも，まず，1 年間，我慢して，頑張っていると，その成果が出てきます．具体的には，英語を読むのが楽になったという感想が学習者から出てくるようになり，「書くこと」においても，英文の流れに沿った文章が書けるようになってきます．前にもふれたように，最初の頃は，日本語で考えて書かれた英文であるために，意味の分からない英文がしばしば書かれていました．それは，言い換えれば，英語の文法規則に沿った英文ではないことによるものでしたので，途中の段階で，英文法の知識を整理する必要がありました．高等学校までに英文法については，ひととおり学習していますが，この段階で，「英語を使う」という立場から，もう一度学習者が主体的に学習し直すのが効果的であるように思われます．

ここで実践している「やさしい英語」による多読・作文・会話の訓練は，Krashen & Terrell (1983) の「言語習得」(6.1.1. 節及び 6.1.2. 節参照)，すなわち，実際に英語を使いながら学習するという手法を中心にしているため，英文法知識の確認，すなわち，「言語学習」も同時に必要になります．

7.1.1.　参加者からの感想文

英語多読を実践して　Y. M. (40 代女性)

英語多読を実践して 5 年が経ち，60 冊以上の本との出逢いがありました．Starter レベルから始め，現在は Intermediate，Upper レベルに達しました．「やさしい英語」で書かれた文章は読み易く，無理なく次のレベルの本に移行することができました．英作文や英会話に必要な表現，語彙が物語を楽しみながら，覚えることができました．1 冊読み終えた後の達成感があり，また次を読みたいと思う気持ちが今まで多読を続けられた理由です．また，本を読むだけでなくエッセイを書き，本の内容を仲間に話すことにより，さらに物語の理解が深まりました．読む，書く，話すが結集された多読を，これからも英語力を向上させるために続けていきたいと思います．　(2016年2月)

コメント：Y. M. さんは，ALTのCさんとの会話は自然にできるようになっており，熱心に，楽しみながら多読学習を続けています．

私の多読生活　I. M.（50代女性）

4年前，仕事で外国人の対応をすることになり，大坪先生に相談したところ，多読のクラスを勧めていただいた．

最初に読んだのは，*Little Women* だった．小学生の頃，『若草物語』を読んだ時には，四姉妹の心温まるエピソードが描かれているだけだと思っていたが，大人になって読むと女性の自立の話だと気づいた．その後も，『ハイジ』，『秘密の花園』や『ジェーン・エア』などを再読したり，初めて，ジェーン・オースティンの作品に触れたり，ダイアナ妃やオードリー・ヘップバーンの伝記，映画の原作等さまざまな本を読んだ．レベルが上がっても，ページ数が増えるだけで，文章が難しくなることはないので，読書自体を楽しむことができた．意味の分からない単語があっても，なるべく辞書を使わないで，推測しながら読んでいるうちに自然にボキャブラリーが増えたような気がする．

サマリーを書く際は，まず知っている言い回しを思い浮かべ，それに沿って文章を組み立てるようにしている．翌月に細かい点まで添削して返していただけるので，とても勉強になっている．

これからもいろいろな本を読んでいきたい．いつかはリライトされたものではなく，オリジナルのミステリーの新刊を読んでみたいと思っている．　(2016年2月)

コメント：I. M. さんは，日常的に英語が必要になった場合にも自然に対応できる状態になっています．

ここで紹介した感想文は，平成23年度及び平成24年度の長崎大学公開講座に参加し，その後も，多読学習を継続している2名の参加者の現在の様子を表しています．多読を続けることは，Krashen & Terrell (1983) の「インプット仮説」の「i+1」(6.1.2. 節参照）が示すように，「言語習得」(language acquisition）が継続していることを意味します．言い換えると，ここでの多読・作文・会話による英語学習は，時間をかけて英語を「読むこと」・「書くこと」・「話すこと」の「スキル」を獲得していく状態を意味します (Y. H. さんの実践成果 (6.6. 節）を参照)．一方，3 年目の O. M. (30 代女性）さんは，「話すこと」・「書くこと」にもだいぶ馴染んできていますが，本人はまだ自信がないとのこと．2 年目が終わる段階の N. H. (20 代男性）さんは，TOEIC に挑戦しているそうですが，英語を「読むこと」の成果を感じていることを教えてくれました．

7.2.　その他の小グループの例

長崎大学公開講座とは別に，2 名の社会人の方（J. M. さんと K. O. さん）に平成 24 年度から平成 26 年度までの 3 年間，前述の方法で個人的に多読指導を実施しました．目標は，やはり，英語を使えるようになることです．二人とも，日本の伝統的な文法・訳読中心の英語学習で育った方たちでしたので，日本語に訳して英文を読む習慣がついていました．このため，この多読指導での最初の仕事は，「やさしい英語」で書かれた物語・文学作品を読むことにより，「左から右へ」読み進めて，日本語に訳さず読んでいく習慣をつけさせることでした．できるだけ早く慣れるために，1 年目は，2 週間に 1 度という間隔で実施しました．はじめの頃は，二人とも，英文を書く場合，日本語で考えて書いていましたので，理解できない英文がしばしば書かれていました．それでも，お互いが根気よく学習を続けることにより，2 年目になると読み易い英文になってきました．以下の資料が示す通り，読む速度も速くなってきており，英語に馴染んできたことを感じ始めていました．

3年間の学習の成果：英文を「左から右へ」読むスキルの獲得

J. M. さんとK. O. さんはたいへん真面目で，几帳面な方たちでしたので，予定通りに多読学習を継続することができました．3年間の学習の成果を折々に計っていましたので，以下に紹介することにします．二人とも，多忙な中，一生懸命，多読に取り組んでいましたので，2年目になると，日本語に訳しながら読むという習慣から脱して，英文を「左から右へ」という読み方も習慣化していました．この新しい「スキル」の獲得は，今後の「使える英語」の学習の基礎となることから，「やさしい英語」によるこの多読実践の大きな成果であると思います．

〈2012年4月から2015年2月までの学習記録〉

(1)　3年間で読んだ冊数

〈参加者〉	読んだ冊数	英文エッセイ提出数	読んだ総語数
J. M.	35冊	28回	286,468語
K. O.	39冊	37回	346,075語

(2)　1分間で読めた語数の変化（テキストは600語レベル）

〈参加者〉	〈2012/5/11〉	〈2014/3/1〉
J. M.	247語	303語
K. O.	184語	199語

(3)　言語学習ストラテジー50項目の平均

〈参加者〉	〈2012/4/16〉	〈2014/8/1〉	〈2016/7/24〉（追加）
J. M.	3.0	2.94	—
K. O.	3.04	3.12	3.48

これまでの経験から，この記録について説明しますと，

(1)　テキストを30冊以上読み終える頃には，英語に馴染んだと感

じるようになることを指摘しておきます．それは，「インプット仮説」の「i+1」で，「言語習得」が進んでいることを示しています．

(2)　1 分間に読める語数の変化も，それぞれが英語に馴染んでいることを表しており，ここでも，「言語習得」が進んでいることを示しています．

(3)　言語学習ストラテジー 50 項目については，K. O. さんの資料(〈3.04〉 → 〈3.48〉) が示しているように，学習時間に比例して，ことばとしての英語の学習法が身に付いていることを表しています．「使える英語」の学習への方向付けができていると認めることができます．

7.2.1.　参加者からの感想文

J. M. さんと K. O. さんのグループは，平成 27 (2015) 年度から英会話の機会を多くするために前記のグループ (7.1. 節) に合流しています．ここでは，その後の K. O. さんの様子を紹介します．[2]

多読学習 4 年　　K. O. (50 代女性)

多読学習を始めてもうすぐ 4 年になります．
30 年ぶりに英語の勉強をして，たいへん戸惑いました．わからない単語が多いうえに，文法を忘れてしまっているので，文の意味が分かりません．読書と並行して，文法を少しずつ学び直しました．Story を楽しみながら勉強できるので，飽きずに続けられていると思います．Essay を書くのは，今でも数時間かかります．でも，自分で文章を作るという作業で，英語が身に付いてきたような気がします．会話

[2] K. O. さんがこれまでに読んだ作品名リストは「付録 2」を参照．

となると，ゆっくり考える時間がないので，なかなか言葉を口にできません．短い，簡単な言い方から練習していこうと思います．

(2016年2月)

コメント：これまでのK. O. さんのデータから，バランスのとれた英語学習ができていますので，多読を継続することにより，「話す能力」が現れてくることが期待されます (6.6. 節参照).

7.3.　対馬教室の場合

平成26 (2014) 年度の長崎大学公開講座に対馬在住のO. N. さんが登録していましたので，「長崎大学生涯学習教育研究センター」の専任教員のかたのご協力を得て，上対馬町に「生涯学習ひろば」を開設し，英語多読用の教材（Macmillan Readers 150冊ほどのセット）を用意しました．1年目は，筆者が対馬へ出かけて，直接，指導していましたが，2年目になると，お互いに要領がわかり，メールで英作文を送ってもらい，添削したものを郵送し，テレビ会議システムを使って直接対話をするようにしました．O. N. さんには，読んだ作品の感想を英語で伝えてもらい，こちらから質問をして，直接，やりとりをしたり，文法などについての質問がある場合には説明をする，という形で行っていました．とても充実した2時間を過ごしました．2016年3月19日（土）13:00 ～ 15:00の勉強会が終わった折に，O. N. さんにこれまで何ができたのかをまとめるよう依頼しました．以下に，O. N. さんの感想文を紹介します．

英語多読学習を始めて　　O. N. (40代女性)

2年程前より，英語多読学習を始めました．今まで英語の学習方法に多読というものがあることも知らず，英語が話せる，聞き取れるようになるには英会話の練習をするべきだと決めつけていたように思います．実際に今までの英会話の練習では簡単な質問や受け答え程度はできるようになりましたが，自分の考えや意見を自由に表現できるところまでには進むことができず，もどかしさを感じていました．

今回始めた多読では，文章や内容が自分のレベルや興味に会う本を自由に選べることもあり，自分のペースで無理なく英語の文章に慣れていくことができます．

現在，22 冊の本を読み終えた段階です．始めた頃は，やさしい英文で書かれた初心者向けの本でも，読み終えるのに 2 日位かかっていました．最近では，1 時間程で 1 冊を読める位にまで慣れてきました．より多くの英文に触れ，自然に英語の感覚を身に付けていければと考えています．　(2016 年 3 月)

コメント: O. N. さんは英語教員免許取得者です．2016 年 4 月から対馬の小学校で英語を教えることになりました．対馬の小学生たちに小学生向けの英語の物語の読み聞かせをしてあげてほしいと思います．

以上，放送大学長崎学習センターでの社会人学習者のための「やさしい英語」による多読・作文・会話の指導の実践法を他の社会人学習者へ応用した成果について紹介しました．ここで指摘しておきたいもっとも重要な成果は，伝統的な「文法・訳読法」に慣れた社会人学習者に，日本語訳を用いず，英文を「左から右へ」読んでいく新しい習慣を身に付けさせることができたことです．指導者側と学習者側双方の努力によって実現できたと思っています．

7.4.　まとめ: EIL（国際語としての英語）/ WE（世界諸英語）の一つとしての「日本人の英語」の実現へ向けて

社会人学習者のための「やさしい英語」による多読・作文・会話を中心

とした指導では，英語の多読，作文，会話の訓練を通して，決まり文句をただ覚えるのではなく，自分の伝えたいことを伝えるために，自分自身で考えて英語の構文・語句・語を選んで使うことができるようになることを目指していました．それは，「自分のことば」として英語を使うことになり，「日本人の英語」が実現できることを意味します．社会人学習者のためのこの実験的試みにおいても，3年間，4年間，5年間というように「やさしい英語」による多読・作文・会話を継続することによって，英語を「ことば」として使えるようになっていく様子が観察できるようになりました．少人数のクラスという環境と熱心な参加者の努力によって実現しているように思います．

2015年10月から，アメリカからのALTのCさん（20代男性）が，まだ，知人が少なく，英語を話す相手がほしいとのことで，私たちの英語教室に遊びに来ることになりました．テキストを離れて，いろいろな話ができる機会にもなりますので，当然ながら，喜んで参加していただくことにしました．Cさんは，ミシガン大学で日本文学を勉強した方で，私たちは，アメリカの大学での日本文学の勉強法なども聞くことができ，視野が広がるよい出会いになっています．アメリカの大学での日本文学の勉強では，英訳された作品，例えば，紫式部，清少納言など多くの作品を読んでいた様子を話してくれました．毎回のクラスで，Cさんにも，参加者一人一人が準備して話す作品についての感想を聞いてもらっていますが，特に，アメリカ文学の作品の場合は，日・米の文化や考え方の違いを話し合ったりしています．Cさんが，日本で，また，長崎で気づいたことなども話題に取り上げ，自由に話ができる場になっています．参加者全員が，Cさんの英語を完全に理解できているわけではありませんが，Cさんと筆者とのやりとりを聞きながら，部分的に単語や語句をピックアップして学習していることになり，ここでも，Krashen & Terrell（1983: 26–27）の「習得と学習の仮説」で指摘されている「言語習得」を実践していることになります．

このように具体的に考えれば，「日本人の英語」，すなわち，日本人が「自分のことば」として英語を使うということは，身近なところで，それぞれが実現できることであるように思います．英語を「自分のことば」として，自分の伝えたいことを伝える手段として用いれば，EIL（国際語としての英語）/ WE（世界諸英語）の一つとしての「日本人の英語」は実現できることになります．EIL/WE は，日本人からは遠いところにあるように感じられがちですが，実は，すぐそばにあるということに改めて気づきました．いま，長崎で，そして，私たちのクラスで，EIL/WE の一つとしての「日本人の英語」と「アメリカ人の英語」とのコミュニケーションが，少しずつ実現しつつあります．

あとがき：これからの日本の英語教育に向けて
—英語教育の中に“言語習得”を取り入れよう！—

これまで長い間，英語科教員養成担当者として，日本のように日常生活の中で英語が使われない毎日の中でどのような指導をすれば学習者が英語を使えるようになるのかについて考えていました．筆者自身も日本の英語教育の中で育ってきており，一生懸命勉強していたのに，一体，どうして英語が使えるようにならないのであろうと思っていました．本書をまとめるに当たり，英語科教育の実践においてこれまで学習してきたことを振り返ってみました．

1972年4月から長崎大学教育学部英語科において中学校・高等学校の英語科教員養成に取り組むことになったのをきっかけに，今後の日本の英語教育のありかたを考えるようになり，海外に目を向ける必要性を感じて，文部省公募に応募したのがすべての始まりでした．幸いにも，ハワイのイースト-ウエスト・センターでのESOL教員養成担当者プログラム（1975.9.1 ～ 1976.3.31）に参加でき，その7ヶ月間のプログラムの中でのいろいろな活動を通して英語を使うことに悪戦苦闘しましたが（第1章を参照），それは，一体，何を意味していたのか，そして，帰国後，長崎大学英語科2年生の学生たちのために，英語を使う訓練コースの「英語演習」を開設し（第2章を参照），学生たちの英語運用訓練に取り組みましたが，これは，一体，何を意味することになるのか，を考えていました．

今回，本書の第III部（第6章及び第7章）で紹介した社会人学習者のための英語指導に取り組んだことにより，これらの長年の疑問に対する「答え」（または，「新しい発見」）に辿りつくができました．Krashen & Terrell (1983), *The Natural Approach: Language Acquisition in the*

Classroom の中で紹介されている「習得と学習の仮説（The Acquisition-Learning Hypothesis)」(6.1.1. 節参照）で考えると，筆者の場合，日本の中での英語教育では，「学習（Learning)」のみを体験してきていたことになり，ハワイでのプログラムに参加し，英語を使う毎日の中でいろいろな訓練の経験をしたことは，「習得（Acquisition)」の場を体験していたことになると考えることができるようになりました．ハワイでは，実際のコミュニケーションの中で英語を使っていたわけですから，使っている英語には間違いが多々ありましたが，まさに，「言語習得」の体験をしていたことになります．このように考えると，帰国後に，英語科２年生のために開設した「英語演習」の時間は，２年生の学生たちのための「言語習得」の場を作っていたことになります．

「習得と学習の仮説」では，大人が第二言語を学習する場合，「言語習得」と「言語学習」の両方が必要であると指摘しています．筆者の場合，かなりの時差がありましたが，日本で「言語学習」を，そして，ハワイで「言語習得」の体験ができていたことになります．英語科２年生の場合は，大学入学後，あまり時間が経っていない段階での「言語習得」の場であったと思います．

そして，スミス氏担当のハワイでのGCEP（Global Cultural Exchange Program）に参加した大分大学医学部の学生たち（5.3. 節参照）は，英語を実際のコミュニケーションの場で使う経験をしながら多くのことを学んでいますが，まさに，「言語習得」の体験をしていたことになります．

ここで，第 III 部で取り上げた社会人学習者のための「やさしい英語」による多読・作文・会話の実験的な指導について説明を加えることにします．まず，「やさしい英語」による多読は，「インプット仮説（The Input Hypothesis)」(6.1.2. 節参照）の「i+1」による読み方で，まさに，「言語習得」を実践しています．そして，「作文」と「会話」についても，自分の伝えたいことを伝えるために，間違いながらも，実際のコミュニケーションを体験しており，「言語習得」を実践していることになります．この場合，日本の中では教師がチャンスを与えていることになりますが，このように，英語教育の中に教師が「習得」の場を提供することにより，日本人学習者の多くは，英語を使えるようになることが見えてきました．

日本の英語教育において，長い間，一生懸命勉強していたのに，どうして英語が使えるようにならないのかという問いに対して，「習得と学習の仮説」の視点から考えると，日本では，「学習」（「言語学習」）のみを取り入れており，英語を使うことを体験しながら身に付けていく「習得」（「言語習得」）が取り入れられていなかったからであるということが見えてきました．このような視点から，これまで述べてきたことをまとめますと，第I部第1章のスミス氏によるESOL教員養成担当者プログラムでの訓練，第2章の英語科2年生のための「英語演習」，そして，第III部第6章及び第7章の社会人学習者のための「やさしい英語」による多読・作文・会話の訓練は，伝統的な「文法・訳読法」に慣れた学習者に，もう一つの新しい学習法として，実際に英語を使いながら身に付けていく訓練の場を提供することによって，その新しい学習法を身に付けさせることに焦点を置いており，まさに，「言語習得」を実践していたことになります．これらは第II部で紹介したEIL/WEを実現させるためには避けては通れない訓練の場であることになります．

以上のことから，これからの英語教育へ向けて，「言語学習」だけではなく，実際に英語を使いながら身に付けていく運用訓練の場，すなわち，「言語習得」の場を取り入れた指導を期待したいと思います．

さらに，EIL/WEの観点から付け加えますと，現在のグローバル化社会の中では，多様な英語によるコミュニケーションがすでに現実であることを認識し，日本の英語教育においても，英語を母語とする人々の英語だけではなく，非母語話者の多様な英語にも配慮し，いろいろな文化を背景にした人々との英語でのコミュニケーションの機会がすぐそばにあることを認識しておかなければならないと思います．

日本の英語教育の中でEIL/WEを視野に入れ，学習者たちが英語を使う体験をしながら身に付けていく「習得（「言語習得」）」の場を取り入れることは，英語(科)教員にある程度の英語運用能力があれば実践できることであり，また，現在は，いろいろな国からのALTの英語に触れる機会を学習者たちに与えることも可能になっています．これからのグローバル化社会において，多くの日本人がEIL/WEの一つとしての「日本人の英語」で海外からの人々と気軽に会話ができるよう，1人1人の英語教員のそれぞれの現場での実践成果を期待し，本書を終えることにいたします．

本書を終えるに当たり，東北大学大学院でご指導いただいた恩師，故・安井稔先生への謝意を表したいと思います．筆者は，これまで長い間，長崎大学教育学部で英語科教員養成に従事し，その間，ハワイのイースト-ウエスト・センターでスミス氏担当のESOL教員養成担当者プログラムに参加し，さらに，スミス氏及びカチュル氏による「国際語としての英語」「世界諸英語」の考え方を学び，そして，ESLの指導理論を背景に，社会人学習者のための使える英語指導に取り組んできたことを述べてきましたが，これらのことが実現できたのは，東北大学大学院で安井稔先生にご指導いただいたおかげであると認識しています．筆者は，大学院生時代に安井先生の学問に対する厳しい姿勢を学び，そして，先生の広い視野と一段高い視点から，英語学，特に，変形生成文法理論の言語観を学ぶことができました．本書は，東北大学大学院で先生から学んだ多くのことを背景にして，これまで長崎で取り組んできた英語教育実践研究の成果を表したものであることを申し添えて，先生への感謝のことばとさせていただきます．

最後に，本書の執筆・作成に際し，ご支援をいただきました皆様に感謝の念を表したいと思います．2015年のクリスマスの頃，安井稔先生と電話で話していた折に本書執筆に取りかかっている旨をお伝えしましたら，早速，開拓社の川田賢氏をご紹介いただきました．いつ完成するのか見えない状態であったものが急に現実となり，川田氏には，お忙しい中，短期間で編集作業を進めていただきました．ありがとうございました．また，東北大学大学院の学生の頃，英語学研究室助手の立場でいろいろ教えていただいた斎藤武生氏（筑波大学名誉教授）には原稿段階で目を通していただき，貴重なご意見をいただきました．心からの感謝を申し上げます．長崎大学生涯学習教育研究センターでお世話になった新田照夫氏にも初校段階で目を通していただき，客観的な立場からの氏の感想にはたいへん勇気づけられました．ありがとうございました．そして，実験的多読指導に熱心に取り組んでいただいた放送大学長崎学習センターの有志の皆さん，個人的な多読指導及び長崎大学公開講座をきっかけに今も熱心に取り組んでいる皆さんに心からお礼を申し上げます．また，最終段階での校正作業では，河村規子氏（ノンブル代表），森下浩二氏（佐世保工業高等専門学校教授），山鹿由起子氏（長崎県立長崎明誠高等学校教諭），大下晴美氏（大分大学准教授）に，索引作成では，多読仲間の石山美佐氏にお世話になりました．皆様方からの温かいお力添えにたいへん助けられました．ありがとうございました．

最後になりましたが，本書のために，ラリー E. スミス氏の紹介文をご寄稿いただいた日野信行氏（大阪大学大学院言語文化研究科教授）に心から感謝申し上げます．

2017 年 2 月

大坪　喜子

付 録 1

Oxford's SILL（言語学習のためのストラテジー 50 項目）

以下の質問は，H. Douglas Brown（2001: 221–224）においてOxford's SILL（Oxford 1990）として紹介された“Strategy Inventory for Language Learning (SILL): Version for Speakers of Other Languages Learning English”を日本語に訳したものです．

質問は，英語を学習する方法についてのあなたの気持ちを尋ねたものです．それぞれの項目に対して自分の気持ちに最もよくあてはまるものを，以下に示す「5 段階の評価」で表してください．あまり深く考えずに，感じたままに答えてください．質問は 50 項目あります．

パートA:

1. 新しく英語で学ぶ内容を，自分がすでに知っている内容と関連付けて考える．
2. 新しく習った英単語を覚えるために，それらをすべて使って，文章を作ってみる．
3. 新しく習った英単語を覚えるために，その単語の発音とその語のイメージを結びつける．
4. 新しく習った英単語を覚えるために，その単語が使われている状況を心に描く．
5. 新しく習った英単語を，韻を踏んで覚える．（例：A cat sat on a rat. 下線部が韻）
6. 新しく習った英単語を覚えるために，単語帳を利用する．
7. 新しく習った英単語を覚えるために，動作をつける．
8. 授業で習ったことをよく復習する．
9. 新しい単語や表現を覚えるために，教科書のどのページであったかとか，黒板のどこに書いてあったとか，通りのどこで見たというようなそれを初めて学んだ場所を覚えておく．

パート B:

10. 新しく習った単語は，何度か言ったり，書いたりしてみる.
11. ネイティブ・スピーカーのように話そうと心がける.
12. 英語の発音を練習する.
13. いろいろな方法で，自分が知っている英単語を使ってみる.
14. 英語で会話を始めようとする.
15. 英語で話されているテレビ番組や吹き替えなしの洋画を見る.
16. 英語で書かれている本を読むことが楽しい.
17. メモ，メッセージ，手紙，レポートなどを英語で書く.
18. 英語の文章は，まず最後までさっと目を通してから，始めに戻って注意しながら読む.
19. 英語で新しく習った単語に似た日本語の単語を探す.
20. 英語のパターンを見つけようとする.
21. 英単語をいくつかの部分に分けると意味が分かる.
22. 英文を一語一語訳そうとしない.
23. 英語で聞いたり，読んだりした内容を要約しておく.

パート C:

24. 知らない英単語の意味は推測する.
25. 英語で会話をしている時に言いたい単語が思い出せない時は，ジェスチャーを使う.
26. 英語で言いたい言葉が分からない時は，自分で英単語を作る.
27. 新しい単語をすべて調べなくても，英文を読める.
28. 他の人が英語で次に何を言うか推測しようとする.
29. 英語で話したり書いたりする際に，単語を思いつかない時は，それと同じ意味の別の単語や表現を使う.

パート D:

30. 英語を使うために，できるだけ多くの方法を見つけようとしている.
31. 自分の英語の間違いに気づいたら，自分の英語をよりよくするために，それを利用する.
32. 誰かが英語を話している時は，注意して聞く.

33. どうしたら英語を効率よく学べるか，その学習方法を見つけようと努力している.
34. 十分に英語の学習時間をとれるように，計画を立てている.
35. 自分と英語を話してくれる人を探している.
36. 出来るだけ多く英語を読む機会を求めている.
37. 自分の英語力を上げようという明確な目標を持っている.
38. 自分の英語の勉強がうまくいっているかどうか考える.

パート E:

39. 英語を使うのが怖いなと思う時は，いつもリラックスしようと心がける.
40. 間違うのが怖いなと思う時でも，英語を話そうと心がける.
41. 自分の英語がうまく伝わった時は，自分を褒めたり，自分にご褒美を上げたりする.
42. 英語を勉強したり，英語を使う時に自分が緊張しているかどうかは，自分で分かる.
43. 英語の学習日誌の欄に，自分の気持ちを書く.
44. 英語を勉強している時に，自分がどのように感じているかを他の人に話す.

パート F:

45. 英語が理解できない時は，相手にもっとゆっくり話すように頼んだり，もう一度繰り返してくれるように頼む.
46. 英語を話すときには，ネイティブ・スピーカーに間違いを直してくれるように頼む.
47. 他の生徒と英語の練習をする.
48. ネイティブ・スピーカーに自分を手伝ってくれるように頼む.
49. 英語で質問する.
50. 英語圏の文化について学ぶようにしている.

5段階の評価: 1: まったくしない.
2: あまりそうしない.
3: どちらとも言えない.
4: よくそうする.

5: いつもそうする．

（注: 5 段階の自己評価を以下の 50 項目の欄に書き込む．）

パート A	パート B	パート C	パート D	パート E	パート F
1. ____	10. ____	24. ____	30. ____	39. ____	45. ____
2. ____	11. ____	25. ____	31. ____	40. ____	46. ____
3. ____	12. ____	26. ____	32. ____	41. ____	47. ____
4. ____	13. ____	27. ____	33. ____	42. ____	48. ____
5. ____	14. ____	28. ____	34. ____	43. ____	49. ____
6. ____	15. ____	29. ____	35. ____	44. ____	50. ____
7. ____	16. ____		36. ____		
8. ____	17. ____		37. ____		
9. ____	18. ____		38. ____		
	19. ____				
	20. ____				
	21. ____				
	22. ____				
	23. ____				

〈A〉	〈B〉	〈C〉	〈D〉	〈E〉	〈F〉	
合計____	合計____	合計____	合計____	合計____	合計____	総合計____
÷ 9 = ___	÷ 14 = ___	÷ 6 = ___	÷ 9 = ___	÷ 6 = ___	÷ 6 = ___	÷ 50 = ___
						（全体の平均点）

付 録 2

Y. M. さん，I. M. さん，K. O. さん の読んだ本のリスト

〈Y. M. さん〉

No.	借出日	書　名
1.	2011/5/15	*Blue Fine*
2.	6/5	*This is London*
3.	7/3	*Jane Eyre*
4.	8/25	*Money for a Motor Bike*
5.	9/25	*A Tale of Two Cities*
6.	10/16	*Little Women*
7.	11/26	*The Adventures of Tom Sawyer*
8.	12/18	*Northanger Abbey*
9.	2012/1/29	*The Phantom of the Opera*
10.	2/19	*Treasure Island*
11.	2/19	*The Three Musketeers*
12.	5/27	*The Canterville Ghost and Other Stories*
13.	5/27	*The Mill on the Floss*
14.	6/24	*The Stranger*
15.	6/24	*The Picture of Dorian Gray*
16.	6/24	*The Escape and Other Stories*
17.	6/24	*The Princess Diaries 1*
18.	9/30	*The Princess Diaries 2*
19.	9/30	*The Legends of Sleepy Hollow & Rip Van*
20.	11/25	*The Princess Diaries 3*
21.	11/25	*Dr. Jekyll and Mr. Hyde*
22.	2013/5/15	*Silver Blaze*
23.	5/15	*The Princess Diaries 3*
24.	5/18	*The Princess Diaries 4*
25.	5/26	*Treasure Island*

26.	5/26	*Unquiet Graves*
27.	5/30	*A Christmas Carol*
28.	5/30	*Heidi*
29.	6/22	*White Fang*
30.	6/22	*The Mark of Zorro*
31.	6/27	*A Midsummer Night Dream*
32.	7/28	*Robin Hood*
33.	7/28	*Romeo and Juliet*
34.	9/22	*The Wizard of OZ*
35.	9/22	*Oliver Twist*
36.	10/27	*The Secret Garden*
37.	10/27	*Meet Me in Istanbul*
38.	11/24	*The Enchanted April*
39.	11/24	*The Tenant of Wildfell Hall*
40.	12/15	*Wuthering Heights*
41.	2014/4/25	*The Red and the Black*
42.	4/25	*Daisy Miller*
43.	6/22	*Alice in Wonderland*
44.	6/22	*David Copperfield*
45.	6/22	*The Great Gatsby*
46.	7/27	*Tess of the D'Urbervilles*
47.	7/27	*The Cut-Glass Bowl*
48.	9/28	*The Sign for Four*
49.	9/28	*My Cousin Rachel*
50.	10/26	*The Speckled Band and Other Stories*
51.	10/26	*An Ideal Husband*
52.	11/30	*Sense and Sensibility*
53.	11/30	*The Canterbury Tales*
54.	2015/2/22	*The Creative Impulse and Other Stories*
55.	2/22	*When Rain Clouds Gather*
56.	4/26	*Audrey Hepburn*
57.	4/26	*Emma*

58.	5/24	*Pride and Prejudice*
59.	5/24	*Persuasion*
60.	5/24	*Tales from the Arabian Nights*
61.	6/28	*Anna Karenina*
62.	6/28	*One Day*
63.	7/5	*British Life*
64.	9/27	*Vanity Fair*
65.	9/27	*Officially Dead*
66.	10/25	*No Comebacks and Other Stories*
67.	11/22	*The Jewel That Was Ours*
68.	2016/1/31	*Therese Raquin*
69.	4/24	*Used in Evidence*
70.	5/22	*The Last Leaf and Other Stories*
71.	6/26	*Ring of Thieves*

〈I. M. さん〉

No.	借出日	書　名
1.	2011/3/2	*L.A. Detectives*
2.	2012/2/11	*Little Women*
3.	2/19	*Princess Diana*
4.	3/3	*The Phantom of the Opera*
5.	3/3	*Northanger Abbey*
6.	5/27	*Jane Eyre*
7.	5/27	*The Black Cat*
8.	6/24	*Dr. Jekyll and Mr. Hyde*
9.	6/24	*The Mark of Zorro*
10.	9/30	*The Picture of Dorian Gray*
11.	9/30	*Daisy Miller*
12.	10/21	*The Cantarville Ghost and Other Stories*
13.	10/21	*Dawson's Creek (2): Long Hot Summer*
14.	11/25	*Dawson's Creek (1): The Beginning of Everything Else*
15.	11/25	*Dawson's Creek (3): Major Meltdown*

16.	11/25	*Dawson's Creek (4): Shifting into Overdrive*
17.	2013/5/18	*The Woman in Black*
18.	5/18	*Romeo and Juliet*
19.	6/22	*The Princes Diaries 1*
20.	7/28	*The Princes Diaries 3*
21.	9/22	*Dracula*
22.	10/26	*Forest Gump*
23.	10/26	*The Darling Buds of May*
24.	10/27	*Bridget Jones's Diaries*
25.	10/27	*The Princess Diaries 4*
26.	11/24	*Meet Me in Istanbul*
27.	2014/1/26	*"A" is for Alibi*
28.	1/26	*Shake Hands Forever*
29.	1/26	*The Enchanted April*
30.	1/26	*The Great Gatsby*
31.	1/31	*The Sign of Four*
32.	5/25	*The Speckled Band and Other Stories*
33.	5/25	*Tess of the D'Urbervilles*
34.	6/22	*The Woodlanders*
35.	6/22	*Wuthering Heights*
36.	11/28	*My Cousin Rachel*
37.	11/30	*A Kiss before Dying*
38.	2015/2/24	*Persuasion*
39.	4/14	*Therese Raquin*
40.	4/26	*Pride and Prejudice*
41.	5/24	*Red Dog*
42.	6/28	*The Princess Diaries 2*
43.	7/5	*Heidi*
44.	8/2	*Audrey Hepburn*
45.	9/27	*Sherlock Holmes and Other Stories*
46.	10/25	*Silver Blaze and Other Stories*
47.	11/22	*The Secret Garden*

48.	2016/1/31	*The Treasure of Monte Cristo*
49.	4/24	*No Comebacks and Other Stories*
50.	5/22	*Used in Evidence*
51.	6/26	*The Last Leaf and Other Stories*

〈O. K. さん〉

No.	借出日	書 名
1.	2012/4/13	*Winning and Losing*
2.	4/13	*Little Women*
3.	5/11	*The House on the Hill*
4.	5/11	*Claws*
5.	5/25	*The Long Tunnel*
6.	5/25	*L.A. Raid*
7.	5/25	*Treasure Island*
8.	6/5	*In the Frame*
9.	6/5	*SAN FRANCISCO*
10.	6/5	*Jane Eyre*
11.	6/22	*Silver Blaze and Other Stories*
12.	7/10	*Dear Jan … Love Ruth*
13.	7/10	*The Woman in Black*
14.	7/27	*Umbrella*
15.	7/27	*The Last Leaf and Other Stories*
16.	7/27	*The Wizard of Oz*
17.	9/14	*The Cleverest Person in the World*
18.	10/2	*The Man in the Iron Mask*
19.	10/2	*Ski Race*
20.	10/12	*The Last of the Mohicans*
21.	10/26	*Tales of Ten Worlds*
22.	11/20	*The Treasure of Monte Cristo*
23.	12/11	*Secret Garden*
24.	2013/2/19	*Much Ado About Nothing*
25.	4/16	*Shake Hands For Ever*

26.	6/21	*The Stranger*
27.	7/2	*The Princess Diaries 2*
28.	7/30	*The Mark Zero*
29.	9/24	*The Escape and Other Stories*
30.	10/25	*The Legends of Sleepy Hollow and Rip Van Winkle*
31.	11/22	*A Christmas Carol*
32.	12/10	*Dawson's Creek: Long Hot Summer*
33.	2014/2/26	*Anna and The Fighter*
34.	5/27	*Gulliver's Travels*
35.	6/27	*The Picture of Dorian Gray*
36.	8/1	*The Pearl*
37.	9/26	*One Day*
38.	10/31	*"B" is for Burglar*
39.	11/28	*Dracula*
40.	2015/4/14	*Weep Not, Child*
41.	5/24	*The Woman Who Disappeared*
42.	7/5	*Dr. NO*
43.	7/5	*The Mill on the Floss*
44.	7/5	*This is London*
45.	9/27	*Princess Diana*
46.	9/27	*The Great Gatsby*
47.	9/27	*The Phantom Airman*
48.	10/25	*The Phantom of the Opera*
49.	11/22	*A Kiss Before Dying*
50.	2016/1/31	*Anna Karenina*
51.	2/28	*Owl Hall*
52.	4/24	*Goldfinger*
53.	5/22	*No Comebacks and Other Stories*
54.	5/26	*The Adventures of Tom Sawyer*

参考文献

Brown, H. D. (2001) *Teaching by Principles: An Interactive Approach to Language Pedagogy* (Second Edition), Longman.

Croft, K. (ed.) (1972) *Readings on English as a Second Language*, Winthrop, Cambridge, Massachusetts.

Croft, K. (ed.) (1980) *Readings on English as a Second Language for Teachers and Teacher Trainers* (Second Edition), Winthrop, Cambridge, Massachusetts.

Day, R. R. and J. Bamford. (1998) *Extensive Reading in the Second Language Classroom*, Cambridge University Press.

Dixson, R. J. (1975) *Practical Guide to the Teaching of English as a Foreign Language* (New Edition), Regents.

Kachru, Braj B. (1995) "The Speaking Tree: A Medium of Plural Canon," in M. L. Tickoo (ed.), *Language, Literature and Culture, RELC*, Singapore.

Krashen, S. D. and T. D. Terrell. (1983) *The Natural Approach: Language Acquisition in the Classroom*, Prentice-Hall

Otsubo, Y. and G. Parker. (eds.) (2004) *Development of a Teacher Training Program at the Department of English, Nagasaki University*, 創英社／三省堂書店.

Smith, L. E. (ed.) (1983) *Readings in English as an International Language*, Pergamon Press.

Smith, L. E. (2004) "From English as an International Auxiliary Language to World Englishes," in Otsubo, Y. and G. Parker (eds.), *Development of a Teacher Training Program of the Department of English, Nagasaki University* (2004: 72-80), 創英社／三省堂書店.

大坪喜子.（編著）(1990)『使える英語を教えよう—英語科教員養成の実践記録 1972-89』長崎大学英語教育研究会／川原書店.

大坪喜子.（編著）（1999）『小学校で英語を教えよう―英語科教員養成の理論と実践』（長崎大学英語教育研究会）創英社／三省堂書店.
大坪喜子.（編著）（2011）『放送大学長崎学習センターでの授業記録及び社会人学習者のための「やさしい英語」による多読指導の実践記録』（長崎大学生涯学習教育研究センター発行）

索　引

1. 日本語は五十音順に並べ，英語（で始まるもの）はアルファベット順で，最後に一括してある．
2. 数字はページ数を示す．

[あ行]

[か行]

[さ行]

[た行]

[な行]

[は行]

[ま行，や行，ら行]

[英　語]

著者紹介

大坪　喜子（おおつぼ　よしこ）長崎大学名誉教授．

1967 年 3 月　東北大学大学院文学研究科修士課程（英語学）修了．
1980 年 9 月～ 1982 年 6 月　ハワイ大学大学院言語学科博士課程単位取得．
1967 年 4 月東北大学助手（文学部），1968 年 4 月尚絅女学院短期大学英文科講師・助教授を経て，1972 年 4 月から長崎大学教育学部英語科で英語科教員養成に従事．1994 年 4 月に長崎大学大学院教育学研究科（英語教育専修）発足後は大学院主任指導教授．2004 年定年退職・長崎大学名誉教授．
2000 年 9 月～ 2009 年 3 月　放送大学長崎学習センター客員教授．
2010 年 4 月～ 2013 年 3 月　長崎大学客員教授．

（学会活動）
1995 年 1 月～ 2004 年 12 月　International Association for World Englishes（IAWE）実行委員会委員．
1996 年 1 月～ 2004 年 12 月　*World Englishes: Journal of English as an International and Intranational Language*（Blackwell, Oxford UK and Boston USA）．Editorial and Advisory Board（編集諮問委員会委員）．
2008 年度・2009 年度　小学校英語教育学会紀要編集委員長．
2013 年度～ 2015 年度　全国英語教育学会理事（九州）．
2014 年度・2015 年度　九州英語教育学会会長．
2016 年度～　九州英語教育学会顧問．

（海外研修・編著書）
ハワイのイースト-ウエスト・センター主催，ESOL Teacher Trainers Program（1975.9.1 ～ 1976.3.31）に参加．アメリカ言語学会夏期講座（1977 年 7・8 月ハワイ大学及びイースト-ウエスト・センター共催）では “English as an International Auxiliary Language”，“Materials: Selection and Adaptation” の単位取得（いずれもハワイ大学大学院のコース）．その他，ランカスター大学の In-Service Course A: Communicative Language Learning: Psycho-Socio-Linguistics & Language Education and Course B: English for Special Purposes（1979 年 7 月・8 月）及び English as an International Language（1984 年 7 月 3 日～ 8 月 10 日）イースト-ウエスト・センター主催）などの英語教育研修プログラムに参加し，英語運用力のある英語科教員養成及び「使える英語」の指導をめざしてきた．

英語教育に関する編著書に，『使える英語を教えよう：英語科教員養成の実践記録 1972–89』（1990）長崎大学英語教育研究会／川原書店（長崎），『小学校で英語を教えよう：英語科教員養成の理論と実践』（1999）創英社／三省堂書店（東京），及び，Yoshiko Otsubo & Giles Parker (eds.), *DEVELOPMENT OF A TEACHER TRAINING PROGRAM AT THE DEPARTMENT OF ENGLISH, NAGASAKI UNIVERSITY*（2004）創英社／三省堂書店（東京）等がある．

教員のための
「国際語としての英語」学習法のすすめ

著　者　大坪喜子
発行者　武村哲司
印刷所　萩原印刷株式会社

2017年4月27日　第1版第1刷発行

発行所　株式会社 開拓社
113-0023 東京都文京区向丘 1-5-2
電話 (03) 5842-8900 (代表)
振替 00160-8-39587
http://www.kaitakusha.co.jp

ISBN978-4-7589-2241-8　C3082